Zeichensetzung

LinguS 16

LINGUISTIK UND SCHULE

Von der Sprachtheorie zur Unterrichtspraxis

Herausgegeben von
Sandra Döring und Peter Gallmann

Stefan Lotze / Kathrin Würth

Zeichensetzung

Bibliografische Information der Deutschen Nationalbibliothek
Die Deutsche Nationalbibliothek verzeichnet diese Publikation in der Deutschen Nationalbibliografie; detaillierte bibliografische Daten sind im Internet über http://dnb.dnb.de abrufbar.

DOI: https://doi.org/10.24053/9783823394587

Dischingerweg 5 · D-72070 Tübingen

Internet: www.narr.de
eMail: info@narr.de

CPI books GmbH, Leck

ISSN 2566-8293
ISBN 978-3-8233-8458-8 (Print)
ISBN 978-3-8233-9458-7 (ePDF)
ISBN 978-3-8233-0314-5 (ePub)

Inhalt

1 Eine Welt der Mythen

Die Welt der Zeichensetzung ist eine Welt voller Mythen: Sie finden sich im Alltag genauso wie in der schulischen Vermittlungspraxis, in Grundlegendem wie in Speziellem und bei Sprachprofis wie bei Kindern. Sieht man sie als fassbare Bestandteile komplexer Systeme aus Wissen und Traditionen, versteht man sie als Chance, ins Gespräch zu kommen über ihren Gegenstand, ihre Hintergründe und ihren Nutzen. Der vorliegende Band macht die „Mythen der Zeichensetzung“ deshalb zum Ausgangspunkt aller Betrachtungen. Jedes Kapitel ist untergliedert in griffige Formeln, die den meisten etwas sagen dürften und die schon auf den ersten Blick wenn auch selten ganz falsche, so doch häufig allzu enge Auffassungen widerspiegeln.

Die folgenden „Mythen“ der Einleitung sollen mit der Vorgehensweise vertraut machen und den Grundgedanken dieses Bandes weiter erläutern – zunächst mit einem Augenzwinkern. Unter dem Titel eines Abschnitts ist jeweils die Vorstellung ausgeführt, um die es geht. Darauf folgt ein bilanzierender Absatz, der mit dem WAHREN KERN DES MYTHOS beginnt.

1.1 „Bücher liest man von vorn"

Da sie oft komplexe Argumentationen führen oder spannende Geschichten erzählen, könnte man meinen, Bücher seien stets von vorn bis hinten durchzulesen.

DER WAHRE KERN DIESES MYTHOS liegt in der Art des Buchs begründet. Wir empfehlen, Thriller von vorn zu lesen, denn Suspense braucht Erzähldynamik. Generalisieren lässt sich das aber nicht: Bei Nachschlagewerken wie Wörterbüchern und amtlichen Regelwerken raten wir entschieden davon ab.

Der vorliegende Band ist weder nur Lesebuch noch reines Nachschlagewerk. Auch wenn der Aufbau in recht losgelöst erscheinenden Mythen suggeriert, dass die einzelnen Themen abgeschlossen behandelt werden, folgt die Grundanlage einer übergeordneten Argumentation. Es empfiehlt sich daher, das Buch einmal insgesamt durchzuarbeiten und sich dabei von allerlei Fehlvorstellungen und Halbwahrheiten begleiten zu lassen. Nachher kann man auf Einzelthemen problemlos zurückkommen, wenn man zum Beispiel vor einer Konzeptions-

oder Diagnoseherausforderung für den Unterricht steht. Für diese Nutzungsart geben wir eine Reihe von Querverweisen.

1.2 „Mythen gibt es nur bei den alten Griechen"

Mythen seien etwas Antikes, das einem in der Gegenwart vielleicht noch im Literaturunterricht begegnet. Heutzutage komme man gut ohne sie aus.

Der wahre Kern dieses Mythos fügte sich im alten Griechenland zu einer großen Mythologie: Als Begriff ist uns der Mythos dort besonders präsent. Doch begegnen uns Mythen überall und zu allen Zeiten; sie beschränken sich thematisch nicht auf Götter und Helden. Sie sind vielmehr von einer Bevölkerungsgruppe geteilte und akzeptierte Aussagen zu bedeutsamen Einsichten. Auf eine einfache Formel gebracht, scheinen sie den Austausch über komplexe Sachverhalte oder Fragen zu erleichtern. Aber Vereinfachung heißt oft Verkürzung – und die kann sich in Fehlvorstellungen manifestieren.

Unter einem Mythos verstehen wir eine Sichtweise, die einen wahren (oder wenigstens nachvollziehbaren) Kern enthält, in ihrer Absolutheit jedoch zu relativieren ist. Manche Mythen haben einen Wahrheitsanspruch; bei den hier verhandelten Mythen leitet sich aber aus dem wiederholten Weitersagen eher eine diffuse Vorstellung von Gültigkeit ab, die selten hinterfragt wird. Tatsächlich gibt es diverse Mythen in Varianten; zu einigen existiert auch ein „Gegenmythos“. Sich mit ihnen eingehender auseinanderzusetzen, ist lohnend, denn sie legen Verschiedenes offen:

- Was sind die wichtigen Fragen? (Nur Relevantes ist „Mythos-würdig“.)
- Welcher Teil eines Problems wird verstanden, welcher nicht?
- Wo wird die Komplexität eines Phänomens nicht oder nur zum Teil durchdrungen?
- Welche Vorstellung führt zu welcher Konsequenz?

„Mythen“ in Form von Teil- oder Präkonzepten eignen sich deshalb als Ausgangspunkt für didaktische Fragen. Denn sie eröffnen einen gedanklichen Rahmen, der an Vorwissen anknüpft und die nachfolgende Argumentation vorstrukturiert. In der Erschließung ihrer Gültigkeit entstehen gleichsam Transparenz, Überblick und Detailtiefe. Sie erlauben, Erkenntnisse zu rekonstruieren, anstatt sie zu demontieren.

1.3 „Zeichensetzung ist mehr als Kommasetzung"

Da das Interpunktionssystem eine Vielfalt an Satz- und Wortzeichen kennt, müsse in der Schule doch jedes Zeichen gleichermaßen behandelt werden, nicht nur das Komma.

Der wahre Kern dieses Mythos liegt in dieser tatsächlichen Vielfalt. In der Zeichensetzungsdidaktik ist das Thema Nummer eins jedoch mit Abstand das Komma. Das hängt damit zusammen, dass die Kommasetzung eine Art Generalschlüssel für den Zugang zu weiteren Zeichen ist. Das ist der Punkt zwar auch, doch lassen sich um diesen kaum Vermittlungs- oder Erwerbsprobleme feststellen.

Auch im vorliegenden Band begegnet uns das Komma überproportional häufig. Neben dem Punkt (und dem Wortzwischenraum) ist es das basalste und didaktisch wichtigste Zeichen zur Kennzeichnung syntaktischer Strukturen. Seine zentrale Rolle in der Deutschdidaktik deuten wir daher nicht nur als Konsequenz aus der viel diskutierten hohen Fehleranfälligkeit, sondern als Eingeständnis seines Stellenwerts in der Erschließung des Gesamtsystems.

Dennoch ist Zeichensetzung mehr als Kommasetzung und auch zur Kommasetzung selbst gehört mehr und anderes als die Kenntnis der Kommaregeln, wie sie im amtlichen Regelwerk gefasst sind. Die Kapitel dieses Bandes behandeln darum im Einzelnen das nachfolgend Skizzierte.

Die Mythen in **Kapitel 2** setzen sich mit Vorstellungen über das Verhältnis von Schrift und gesprochener Sprache auseinander. Das führt zur Frage, wo die Rechtschreibung im sprachlichen Gesamtsystem ihren Platz hat und wohin speziell die Interpunktion gehört. Den Blick ins innere System gewährt eine Übersicht über die Interpunktionszeichen mit ihren Hauptfunktionen.

Schriftsprachliche Regularitäten werden von Kindern in hohem Maße eigenaktiv erworben. Den didaktischen Konsequenzen für die Vermittlung von Regeln – und daraus folgend für die Korrektur von Fehlern – widmet sich **Kapitel 3**. Viele der zu klärenden Mythen weisen auf ein missverstandenes Verhältnis von deklarativen und prozeduralen Wissensbeständen hin. Die Beobachtungen zum Orthografieerwerb legen nahe, dass ein gelingender Rechtschreibunterricht an den Spracherfahrungen der Schülerinnen und Schüler anknüpfen muss. Explizite Regeln können diesen Lernprozess sehr bedingt zwar unterstützen, aber das eigentliche Wissen lässt sich nicht per Formel „von außen" in die Köpfe Lernender einpflanzen. Aufgabe der Schule ist es daher, die richtigen Fundamente zu schaffen, die zur Eigenkonstruktion von Wissen anregen oder diese begünstigen.[1]

Die Zeichensetzung (und hier vor allem die Kommasetzung) signalisiert syntaktische Grenzen. Diese zu erkennen, setzt fundiertes Grammatikwissen voraus. Was darunter zu verstehen ist und welches Grammatikwissen benötigt wird (und welches nicht), ist Gegenstand von **Kapitel 4**. Die dort verhandelten Mythen klären den Zusammenhang zwischen Zeichensetzung und grammatischen Strukturen und legen dar, wie ein verengter, an deklarativ-normativem Begriffswissen orientierter Blick auf Grammatik das eigentliche Sprachkönnen der Lernenden verstellt. Die Spracherwerbsforschung belegt eindrücklich, über welch erstaunliche sprachstrukturelle Fähigkeiten Kinder implizit verfügen. Das Kapitel gibt methodische Hinweise, wie diese als Basis für die Vermittlung der Zeichensetzung genutzt werden können.

Das in schulischen Kontexten unbestritten wichtigste – und fehleranfälligste – Satzzeichen ist das Komma, das eine ganz eigene Mythenwelt eröffnet. Der zentralste Mythos lautet wahrscheinlich: „Die Kommaregeln sind kompliziert." Die zahlreichen Regeln und Unterregeln im amtlichen Regelwerk 2018 [kurz: AR] verstärken diesen Eindruck zusätzlich. **Kapitel 5** legt dar, wie sich das System auf gerade einmal drei Grundregeln reduzieren lässt, vorausgesetzt, man versteht ihr geordnetes Zusammenwirken. Einige Mythen in diesem Kapitel sind zudem fehlerdiagnostisch wertvoll, denn sie greifen offen typische Eigenregeln auf, die von Schreibenden vorgebracht werden.

Im **Kapitel 6** liegt der Fokus auf Interpunktionszeichen, die Lesenden über die syntaktische Gliederung hinaus Interpretationshinweise an die Hand geben. Die Mythen untersuchen, inwiefern normative Auffassungen mit dem kommunikativ-stilistischen Potenzial dieser Zeichen vereinbar sind. Schulisch wichtige Zeichen wie Ausrufezeichen, Fragezeichen und Anführungszeichen werden aus kommunikativem Blickwinkel beleuchtet. Daneben kommen diejenigen Zeichen zur Sprache, die das System ergänzen, im konkreten Unterricht gewöhnlich aber eine untergeordnete Rolle spielen.

1 Dies gilt nicht nur für die Schülerinnen und Schüler: Deklaratives Wissen kann nur dann angemessen verarbeitet werden, wenn es sich im Bereich des bereits erworbenen Handlungswissens befindet. Wer in diesem Buch Rezepte sucht, wird enttäuscht. Mit kurzen Impulsaufgaben soll aber immer wieder die Möglichkeit geschaffen werden, den eigenen Konzepten nachzuspüren und sie ggf. zu rekonstruieren.

„Die deutsche Sprache verfällt zusehends" – auch das ist ein Mythos. Orthografische Fragen sind immer zugleich Normfragen. Dies spiegelt sich überdeutlich in den zahlreichen Leserkommentaren, Blogs, Kolumnen und Glossen, die sich über sprachliche Abweichungen wie „Deppenapostroph" oder „Recycling-Sprache" auslassen. Normabweichungen sind indes nicht zwingend ohne System. Als Ausgangspunkt für sprachliche Entdeckungsreisen bieten sie reichlich Material und das abschließende **Kapitel 7** gibt dazu Impulse.

2 Die Zeichensetzung im System von Schrift und Rechtschreibung

Die Zeichensetzung als Teil des Schriftsystems gehört zur Rechtschreibung – oder auch nicht. Die Begriffe sind nicht sehr trennscharf und je nachdem, worauf man sich bezieht, meint Rechtschreibung manchmal primär Wortschreibung. So ordnen auch Lehrmittel die Zeichensetzung teilweise kurzerhand den Grammatikthemen zu. Das ist weder völlig falsch noch völlig richtig, vor allem ist es zunächst verständlich: Satz- und Wortzeichen haben keine Entsprechung im Lautstrom der gesprochenen Sprache. Was wird also hier verschriftet? Es sind Markierungen sprachlicher Strukturen, mitunter angereichert um eigene Bedeutungen.

Denkt man weiter über solche Zuordnungen nach, entdeckt man schnell, dass dasselbe für einen erheblichen Teil orthografischer Phänomene ebenso gilt: Wer hat zuletzt einen Großbuchstaben gehört? Wäre die Getrennt- und Zusammenschreibung so schwierig, wenn sie einfach an Intonationsverläufen oder gar Sprechpausen zu bemerken wäre? Hören wir, dass das *Lid* mit einfachem *i* geschrieben wird, wenn wir darüber singen?

In diesem Kapitel wird die Zeichensetzung in unsere Vorstellungen von Sprache und Schrift eingeordnet und als Teil des Rechtschreibsystems definiert, wodurch erkennbar wird, wie sie organisiert ist, was sie leistet – und was nicht.

2.1 „Man schreibt, was man spricht"

Unsere Schrift ist eine Alphabetschrift: Ihre Buchstaben haben eine systematische Beziehung zu den Phonemen der gesprochenen Sprache. Heißt das nicht, die Schrift sei im Grunde nur eine visuelle Variante des sonst Lautlichen?

Der wahre Kern dieses Mythos: Die systematischen Beziehungen zwischen den Einheiten *Phonem* und *Graphem* sind die Basis unserer Schrift. Doch wie die meisten wissen, erklären sich Schriftbilder nicht allein daraus. Wir schreiben nicht genau so, *wie* wir sprechen. Über die Laut-Buchstaben-Korrespondenzen hinaus gibt es eine Reihe weiterer Beziehungen zwischen Gesprochenem und Geschriebenem. Schreiben wir daher wenigstens, *was* wir sprechen? Weniger, als man denken mag, denn die Schriftsprache ist nicht einfach ein Abbild der gesprochenen.

Die Beziehungsrichtung vom Lautlichen hin zum Visuellen liegt auf den ersten Blick am nächsten: Schrift wird später erworben als gesprochene Sprache und initiale Zugänge zu Schrift und Schriftlichkeit rücken ihre Eigenschaft in den Mittelpunkt, Gesprochenes in grafischen Mustern festhalten zu können. Schrift muss die *Fähigkeit zur Sprache* überhaupt voraussetzen (vgl. Dürscheid 2012: 35 ff.). Solche und weitere Beobachtungen führen für sich genommen zur **Dependenzhypothese:** In älteren Beiträgen bildete sich ein Verständnis von Schrift heraus, wie es in de Saussures Vorstellung eines „sekundären Zeichensystems" anklingt. Es handle sich schließlich um eine Art defizitäre Ausdrucksform, denn bei allem, was Schrift vermag, fängt sie einige Aspekte der gesprochenen Sprache nicht ein.

Aufgabe 2.1 Welche Aspekte gesprochener Sprache bildet Schrift nicht ab?

Diese Perspektive ist zu eng. Schrift kann zwar abbildhaft reduzieren, erweitert das sprachliche Handeln aber zugleich um ihr genuine Erscheinungen, denn:

- Geschriebenes ist im Vergleich *von bedeutender Dauer* und hebt die Situationsgebundenheit von Sprache oft auf.
- Schrift wird *visuell verarbeitet* und kann dadurch manche Informationen besser transportieren als die gesprochene Sprache.

So hat die Schrift eigene Elemente hervorgebracht, die uns im Lautstrom des Gesprochenen nicht begegnen:

- *Punkte, Kommas* oder *Leerräume* zwischen Wörtern korrespondieren nicht systematisch mit Pausen beim Sprechen.
- *Textgliederungen* wie Absätze, Tabellen oder Listen kennen keine eindeutigen gesprochenen Äquivalente.
- Konzepte wie *Fußnoten, Marginalien, Inhaltsverzeichnisse* oder *Indizes* sucht man in der gesprochenen Sprache vergebens.

Vergleicht man die Systeme weiter, fallen insbesondere Unterschiede in Ausdrucksweisen auf:

- Die Schriftsprache kennt *eigene Normen und Stilebenen.*

Von solchen Merkmalen der Schriftlichkeit ausgehend sieht die Gegenposition mit der **Autonomiehypothese** Schriftsprache als eigenen Bereich, der isoliert zu behandeln sei (vgl. Dürscheid 2012: 37 ff.).

Hinter den beiden Hypothesen stehen unterschiedliche Erkenntnisinteressen. Ihre Argumentation befasst sich mit recht verschiedenen und jeweils doch zutreffenden Eigenschaften zweier Systeme. Für den Gesamtblick eignet sich eine vermittelnde Auffassung daher besser: Die **Interdependenzhypothese** betont zwar Eigenständigkeiten, bezieht Abhängigkeiten aber ein – und zwar wechselseitige. Denn vor allem die normative Seite unserer Schriftsprachlichkeit wirkt auf das Sprachsystem insgesamt zurück.

Schrift ist im Normalfall[2] also nicht einfach eine Technik, um gesprochene Sprache grafisch zu fixieren. Sie ist ein Gebilde, das uns in wichtigen Punkten eigenständig, aber nicht beziehungslos begegnet: Sie ist ein „Teilsystem des Systemkomplexes ‚deutsche Sprache'" (Gallmann 1985: 1). Zu erkennen ist das nicht nur an der Zeichensetzung, sondern u. a. daran, dass das Vorlesen eines Textes noch kein Referat sein muss oder umgekehrt das Protokollieren eines Gesprächs keinen Romandialog hervorbringt – und doch kann das alles in derselben Sprache *Deutsch* geschehen.

Aufgabe 2.2 Suchen Sie nach weiteren Besonderheiten, die die Schriftsprache von der gesprochenen Sprache unterscheiden.

Da wir sehr selten genau das schreiben, was wir auch sagen würden, erschöpft sich der **Schriftspracherwerb** nicht im Erlernen von Systembeziehungen. Er ist ein eigener kreativer Prozess, in dem die menschliche Fähigkeit zur Sprache *eine weitere Ausprägung* zusätzlich zum Sprechen erfährt. Die Schule hat die Aufgabe, Lernende beim Entdecken der Schriftsprache zu unterstützen. Das ist die Basis auch für die Didaktik der Zeichensetzung – und sie startet aus Lehrendenperspektive bei einem Einblick in das vermittelnde und zugleich selbstständige System der Rechtschreibung.

2 Zu unterscheiden ist die sekundär verschriftete Sprechsprache, die die Eigenarten der Mündlichkeit fixieren möchte: „Ja, könnten Sie, ähm, nicht ein Beispiel dafür geben – also, damit's klarer wird?" Das Ergebnis ist sichtbar keine Schriftsprache.

2.2 „Rechtschreibung ist das System der Ausnahmen"

Nicht nur diejenigen, die Deutsch unterrichten, wissen, wie leicht es ist, Kinder, aber auch Erwachsene bei Rechtschreibfragen hinters Licht zu führen. Das liege daran, dass das Orthografiesystem genauso komplex wie chaotisch sei. Reiht man alle Regeln hintereinander, offenbarten sich Widersprüche und Ausnahmen.

Der wahre Kern dieses Mythos liegt in wenigen tatsächlichen Ausnahmen, in Regeln mit *kann*-Bedingungen und in Geflechten aus Unterregeln. Das hat verschiedene Ursachen u. a. in der Geschichte eines Beschreibungssystems, das die Schreibpraxis weniger vorgibt, als es ihr nachläuft (vgl. den LinguS-Band 3). Doch ist die Rechtschreibung deshalb keineswegs eine ungeordnete Sammlung willkürlicher Festlegungen. Sie ist ein hierarchisch gegliedertes System, in dem auch die Zeichensetzung ihren logischen Platz hat.

Schreibkonventionen entwickeln sich weitgehend natürlich, weil sich Einheitlichkeit sowohl produzenten- als auch rezipientenseitig lohnt: Schreib- und Lesefluss gelingen ungestörter. Daraus ist ein System hervorgegangen, das man am besten versteht, wenn man ihm eine dreistufige hierarchische Ordnung zugrunde legt, die vom Allgemeinen zum Besonderen führt:

1. **Prinzipien:** Sie sind die Grundsätze der Rechtschreibung.
2. **Regeln:** Sie halten in Generalisierungen fest, welche Prinzipien wo und wie umzusetzen sind.
3. **Einzelfestlegungen:** Sie erfassen Schreibungen, die sich nicht (bzw. nicht innerhalb des Systems) generalisieren lassen.

Die **Prinzipien** unserer Rechtschreibung hat nie jemand festgelegt. Ihre Formulierung ist daher als der Versuch zu sehen, die fundamentalsten Mechanismen unseres Schriftsystems zu beschreiben. Deshalb weichen die Auffassungen darüber, welche und wie viele Prinzipien es gibt, teilweise etwas voneinander ab. Wir folgen hier Gallmann/Sitta (1996: 38), die von sechs Prinzipien ausgehen:

Prinzipien	**Typische Wirkbereiche (Auswahl)**
Lautprinzip *Schreibe, wie du sprichst!*	▸ Laut-Buchstaben-Zuordnungen
Prinzip der morphematischen Schemakonstanz *Schreibe Gleiches möglichst gleich!*	▸ Umlautschreibungen wie *Wald – Wälder* (nicht: *Welder*) ▸ Schreibungen bei Auslautverhärtung wie *Staub, Staubes* (nicht: *Staup, Staubes*)
Grammatisches Prinzip *Mach den grammatischen Aufbau sichtbar!*	▸ Großschreibung von Nomen ▸ Getrennt- und Zusammenschreibung ▸ **Zeichensetzung** (→ 4 und 5)
Semantisch-pragmatisches Prinzip *Hebe wichtige Textstellen hervor!*	▸ Großschreibung bei höflicher Anrede ▸ Großschreibung bei Eigennamen ▸ **Zeichensetzung** (→ 6)
Homonymieprinzip *Schreibe Ungleiches möglichst ungleich!*	▸ *das Lied – das Lid* ▸ *die Seite – die Saite*
Ästhetisches Prinzip *Vermeide verwirrende Schriftbilder!*	▸ meist in Konkurrenz zu anderen Prinzipien: vgl. *Härchen* (trotz *Haar*), *schrien* (nicht: *schrieen*) ▸ teilweise **Tilgungsregeln der Zeichensetzung** (→ 5 und 6)

Die Prinzipien haben in ihrer Wirkung keine scharfen Grenzen. Sie ergänzen und überlagern sich mitunter, denn die Bereiche unseres Sprachsystems, die sich hinter ihnen verbergen, stehen in vielfältigen Beziehungen zueinander.

Aufgabe 2.3 Recherchieren Sie im amtlichen Regelwerk (→ rechtschreibrat.com) alle Regeln, die das Zeichen *Punkt* behandeln, und versuchen Sie, die orthografischen Prinzipien (siehe oben) zu benennen, die den einzelnen Regeln jeweils zugrunde liegen.

Orthografische **Regeln** sind konkrete Schreibanweisungen, die eines oder mehrere dieser Prinzipien umsetzen. Daran erkennt man recht automatisch die Struktur, der das Rechtschreibsystem unterliegt. Für schulpraktische Fragen ist das oft von Bedeutung, denn die Rückführung einzelner Erscheinungen auf basale Zusammenhänge bringt Ordnung in Lehr-Lern-Strategien und erlaubt fundiertere qualitative Fehlerdiagnosen. Man versteht besser, „welche sprachsystematischen Regularitäten den jeweiligen Rechtschreibregeln zugrunde liegen" (Lindauer/Schmellentin 2019: 11).

Selten wird ein Rechtschreibphänomen in einer einzigen Regel erfasst. Das lässt leicht ein verwirrendes System vermuten. Ein einfaches Beispiel:

- Regel: Die Worttrennung am Zeilenende folgt den Sprechsilben.
    - Unterregel: Einzelne Vokalbuchstaben werden nicht abgetrennt.

Auch wenn sich der Zusammenhang in nur einer Regel ausdrücken ließe, können solche **Regelkomplexe** eine innere Ordnung schaffen. Wie vom Prinzip zur Regel führen Unterregeln vom Allgemeinen zum Spezielleren. Die Strukturierung des Wissens, die dabei vorgenommen wird, soll aber in der Schule nicht zur *vermeintlichen didaktischen Reduktion* verleiten. Denn führt man Unterregeln erst nach und nach ein, kann der Eindruck nie enden wollender Einschränkungen entstehen: „Was weiß ich sonst noch nicht?", fragen sich Lernende insgeheim und die eigentliche Ordnung im System wird als unübersichtliches Gespinst aus Sonderfällen und Ausnahmen wahrgenommen. Lehrende sollten deshalb immer das Gesamtsystem im Auge behalten und Lernenden wenigstens nachgeordnet die Gelegenheit bieten, die Abgeschlossenheit eines Phänomens zu entdecken.

Aufgabe 2.4 Suchen Sie in den Regeln zum Zeichen *Punkt* aus Aufgabe 2.3 nach Regelkomplexen.

Die Rechtschreibung kennt ein paar wenige Fälle, die sich nicht praxisgerecht verallgemeinern lassen. Sie sind **Einzelfestlegungen**, die oft nur historisch und/oder aus anderen Systemen heraus begründbar sind oder bei denen die Prinzipien in einen Konflikt geraten. Dazu gehören einzelne Wortschreibungen, Fremdwortschreibungen, einige Festlegungen zur Getrennt- und Zusammenschreibung und wenige Beispiele aus der Groß- und Kleinschreibung (vgl. Gallmann/Sitta 1996: 57 f.). Sie werden im Zweifel im Wörterbuch nachgeschlagen.

Zugegeben, betrachtet man alles, was in der Rechtschreibung geregelt bzw. festgelegt ist, nur flüchtig, wirkt das System umfangreich und schwer zu fassen. Bezieht man eine Ordnung und Gewichtung ein, ist es aber weder sehr komplex noch findet man echte Widersprüche oder allzu viele Ausnahmen. Das gilt insbesondere für die **Zeichensetzung:** Sie kennt ausschließlich *Regeln*, Einzelfestlegungen gibt es hier nicht.

2.3 „Die Zeichen hört man doch irgendwie"

Das Fragezeichen ist mit einem typischen Intonationsverlauf beim Sprechen verbunden. Auch andere Zeichen höre man doch recht gut heraus und sie seien umgekehrt eine Hilfe, beim Vorlesen die Atempausen zu finden.

Der wahre Kern dieses Mythos ist ein indirekter Zusammenhang zwischen den beiden Teilsystemen *geschriebene und gesprochene Sprache*, der entsteht, weil beide auf dieselbe Grammatik zurückgreifen. Kommunikative Absichten und rhetorische Ausgestaltungen wirken sich in den Systemen jedoch unterschiedlich aus, sodass Lautliches nur bedingt mit der Interpunktion korreliert.

Klar ist, dass wir Interpunktionszeichen im Gegensatz zu Buchstaben- und Sonderzeichen (z. B. &, %, §, +) nicht mitsprechen. Die Zeichensetzung ist damit der Bereich unserer Rechtschreibung, der am deutlichsten über die Alphabetschrift hinausgeht. Doch woher kommt die häufig geäußerte Vorstellung, man höre die Zeichen dennoch, sei es auch nur zum Teil?

Satzmelodie und Rhythmus beim Sprechen hängen von zahlreichen Faktoren ab, die oftmals zugleich den grammatischen Aufbau von Sätzen beeinflussen. Solche Faktoren sind insbesondere die Äußerungsart und die Informationsverteilung. Es lassen sich zum Beispiel folgende Effekte beobachten:

- Fragen werden anders artikuliert als Aussagen. Sie *können* zugleich grammatischen Satzarten entsprechen (→ 6.4).

- Zusätze *können* stimmlich unterschiedlich abgesetzt werden. In der Grammatik erzeugen sie immer einen Bruch oder eine Erweiterung der Struktur (→ 4.5).
- Im Text Kontrastives ändert die Intonation. Grammatisch rückt es an auffällige Positionen im Satz. Besondere Zeichen setzt man deshalb aber nicht (→ 4.3.2).
- Satzgrenzen stimmen nicht selten mit inhaltlichen Grenzen überein, an denen man beim Vorlesen deutliche Pausen lassen *kann*. Grammatisch betrachtet sind diese Einheiten aber immer abgeschlossen – also Sätze (→ 4.4.1).

Die Beziehungen zwischen grammatischen Strukturen und Lautlichem erklären, warum man Art und Position der Satzzeichen gewissermaßen zu hören meint. Die Schrift macht schließlich von denselben Strukturen Gebrauch und Phänomene beider sprachlicher Teilbereiche fallen deshalb *mitunter* zusammen. Weil die Schriftsprache jedoch kein Abbild der gesprochenen ist, sind unmittelbare Rückschlüsse nicht möglich. Der Versuch, Regeln oder Hinweise für die Zeichensetzung aus dem Lautlichen abzuleiten, gelingt nicht systematisch genug, um für Schule oder Schreiballtag Taugliches hervorzubringen. Die Zeichensetzung ist ein eigener Aspekt der Schriftsprache und kein Reflex des Lautlichen.

Der Mythos hat neben diesen Hintergründen auch eine Geschichte: Im Latein der Antike hatte die Zeichensetzung eine „rhythmisch-intonatorische Funktion“ (Baudusch 1980: 194 f.), die das Vortragen von Texten mit den gewünschten Atempausen steuern sollte. Sicher ist man auch deshalb lange davon ausgegangen, dass Satzzeichen in älteren Texten des Deutschen eine ähnliche Aufgabe hatten. Doch spätestens mit Erfindung des Buchdrucks hatten sich Lesegewohnheiten und -bedürfnisse verändert: Für das stille Lesen wurde die Funktion der Satzzeichen als grammatisch gliedernde Leseerleichterung deutlicher (vgl. Augst/Dehn 2011: 173; Baudusch 1980). Beispielsweise sind die syntaktischen Strukturen, nach denen sich die Kommasetzung richtet, mindestens seit dem 15. Jahrhundert unveränderte Grundlage (vgl. Kirchhoff 2017).

2.4 „Die Zeichen haben sehr verschiedene Aufgaben"

Die Interpunktion zeigt eine Vielfalt unterschiedlicher Zeichen. Für alle gibt es Regeln zur korrekten Verwendung. Legt das nicht den Gedanken nahe, man müsse sehr viel Einzelwissen parat halten?

Zum wahren Kern dieses Mythos ist zu sagen: Stimmt grundsätzlich. Die Zeichen haben verschiedene Aufgaben, sonst würde die Schriftsprache sie nicht vorsehen. Doch wie die Rechtschreibung insgesamt hat auch die Interpunktion ein überschaubares inneres System. Erkennt man Gemeinsamkeiten, sind die Unterschiede leichter erschlossen. Deklaratives Regelwissen braucht man kaum.

2.4.1 Satz- und Wortzeichen

Die Zeichensetzung ist ein eigenständiges System, das vor allem grammatischen Überlegungen folgt. Typischerweise wird zunächst zwischen *Satzzeichen* und *Wortzeichen* unterschieden:

- **Satzzeichen** gliedern syntaktische Einheiten (Wörter, Wortgruppen, Sätze).
- **Wortzeichen** stehen bei einzelnen Wörtern. Sie werden teilweise auch „Hilfszeichen" genannt (vgl. Gallmann/Sitta 1996: 151).

Die folgende Übersicht listet auf, was die Zeichen dieser beiden Gruppen hauptsächlich anzeigen. Punkt und Komma haben dabei unter den Satzzeichen die basalsten Funktionen, auf denen alle weiteren aufbauen. Bei Frage- und Ausrufezeichen, Doppelpunkt und Semikolon sieht man das direkt an der Form.

Satzzeichen		
.	***Punkt***	**Schluss eines Satzes**
,	***Komma***	**Grenzen von Nebensätzen** **Grenzen von Zusätzen/Nachträgen** **Gliederung von Reihungen**
?	*Fragezeichen*	Schluss eines Satzes als Frage
!	*Ausrufezeichen*	Schluss eines Satzes mit Nachdruck
:	*Doppelpunkt*	Ankündigung von Weiterführendem
;	*Semikolon*	deutliche Gliederung von Reihungen
–	*Gedankenstrich*	Ankündigung von Unerwartetem deutliche Grenzen von Zusätzen/Nachträgen
( )	*Klammern*	starke Grenzen von Zusätzen/Nachträgen
„ “	*Anführungszeichen*	Grenzen von wörtlich Wiedergegebenem (distanzierende) Hervorhebung
…	*Auslassungszeichen*	bewusst weggelassene Textteile

Wortzeichen		
’	*Apostroph*	ausgelassene Buchstaben teilweise Grenze von Eigennamen
.	*Abkürzungspunkt*	Verkürzung eines auszusprechenden Wortes oder einer Wortgruppe
-	*Ergänzungsstrich*	Auslassungen bei Wortreihungen
-	*Bindestrich*	Aufbau mehrteiliger Wörter
-	*Trennstrich*	Fortsetzung eines Wortes auf der Folgezeile
…	*Auslassungszeichen*	bewusst weggelassene Wortteile

Apropos bewusst Weggelassenes … In der Übersicht fehlen Zeichen, die zwar ebenso der Gliederung und Abgrenzung dienen und doch nicht hierhergehören:

Aufgabe 2.5 Recherchieren Sie die fehlenden Zeichen und versuchen Sie zu begründen, warum sie nicht in die Übersicht gehören. Tipp: Wofür stehen diese Zeichen und wie werden sie beim lauten Lesen artikuliert?

2.4.2 Interpunktionszeichen zeigen Grenzen

Betrachtet man die Funktionen der Zeichen in der Tabelle genauer, fallen Konzepte wie *Grenze, Gliederung, Ankündigung, Auslassung* oder *Schluss* auf. Sie zeigen, dass alle Satz- und Wortzeichen **Grenzsignale** sind. Ihre fundamentale Aufgabe ist es stets, Textteile zu gliedern und so den grammatischen Aufbau durchschaubar zu machen. Sie leisten das für ganze Sätze (1), nach Bedarf aber auch für Teile von Sätzen (2) und Wörtern (3):

(1) Weißt du was? Vampire mögen keinen Knoblauch, aber ich liebe ihn.
(2) Hausgeister schützen den Menschen, seine Tiere, sein Haus.
(3) Online-Verkaufsplattform, Fleisch-Ersatz

Aufgabe 2.6 Kennen Sie weitere Rechtschreibphänomene neben der Zeichensetzung, die dem Anzeigen von grammatischen Grenzen dienen?

Gewisse Spezialfälle unter den Grenzsignalen sind das *Auslassungszeichen* (4), der *Ergänzungsstrich* (5) und der *Trennstrich* (6). Sie markieren Grenzen als unvollständig und geben damit den Lesehinweis, noch etwas – zum Teil nur gedanklich – hinzuzufügen:

(4) Sie schlief, als der Vampir durch das geöffnete Turmfenster flog …
(5) Hausgeister und -gespenster
(6) Geis-ter, Vam-pir

Alle Satzzeichen, die über Punkt und Komma hinausgehen, haben zusätzlich eine **kommunikative Funktion** (→ 6). Weiß man, dass die Unterschiede nicht in der Grammatik, sondern in einer semantisch-pragmatischen Mehrleistung zu finden sind, ordnet das den Zugang zu einem Gesamtverständnis erheblich. Die Interpunktionszeichen bekommen System.

Aufgabe 2.7 Welchen kommunikativen Mehrwert haben die Klammern und das Ausrufezeichen in den folgenden Sätzen gegenüber Kommas bzw. Punkt?

a. *Die Piraten sind eine Seemeile (das entspricht 1,852 km) vom Ufer entfernt.*

b. *Die Piraten sind eine Seemeile entfernt!*

3 Grundfragen einer Rechtschreibdidaktik

Die Funktionsweise unseres sprachlichen Handelns ist uns nicht bewusst. Wie für die gesprochene Sprache gilt das ebenso für die alltägliche Produktion und Rezeption von Geschriebenem. Obwohl wir „weitgehend nach Gefühl" (LinguS-Band 7 2020: 10) schreiben, können wir zwar Schreibregeln mitunter benennen. Dennoch bemühen wir sie im eigentlichen Schreib-/Leseprozess nur äußerst selten explizit – und wenn, dann können wir uns im Interpretieren solcher Regeln unsicher fühlen. Das soll kurz an einem Beispiel gezeigt werden, das zunächst noch nicht direkt mit Zeichensetzung zu tun hat. Es führt heran an ein rechtschreibdidaktisches Gesamtverständnis.

Man hat wahrscheinlich explizite Kenntnis der Regel, dass „Wörter anderer Wortarten" großzuschreiben sind, „wenn sie als Substantive gebraucht werden" (AR § 57). Nun kann es durchaus Probleme bereiten, die Reichweite dieser Regel zu interpretieren, denn was genau mit „als Substantiv gebraucht" gemeint ist, steckt nicht in der Schreibanweisung. Man kann etwa auf die Idee kommen, Pronomen großzuschreiben, werden sie doch anstelle von Substantiven verwendet. Dass das nicht gemeint ist, wissen kompetente Schreiber/-innen intuitiv, doch können die wenigsten den Sachverhalt in einer alltagstauglichen, verständlichen Formel festhalten. Das offenbart auch der genauere Blick ins Regelwerk: Zwar wird anhand von musterhaften Beispielen gezeigt, dass ein substantivisch gebrauchtes Wort u. a. an seiner Erweiterbarkeit zu erkennen ist. Trotzdem kommen die amtlichen Regeln nicht umhin, schließlich noch eine ausdrückliche Regel zur Kleinschreibung von Pronomen festzuhalten (AR § 58, 4), was nur bedeuten kann, dass der Gegenstand mit seinen Voraussetzungen für zu kompliziert gehalten wird, als praxisgerecht in einer Aussage formulierbar zu sein. Man kann es auch so ausdrücken: Es ist damit zu rechnen, dass es bei der Auslegung der Regeln im sprachlichen Handeln zu Unsicherheiten kommt.

Die „gefühlte Vagheit" in der Anwendung von Schreibregeln kommt nicht von ungefähr. Nur zu einem Teil liegt sie in System und Zweck unserer Schrift begründet, die mit begrenzten Mitteln einige für ihre Aufgabe wesentliche, aber längst nicht alle Aspekte der Sprache einzufangen vermag (→ 2.1 und 2.3).

Die Vagheit hat noch einen wichtigeren Grund, dessen Verständnis für jede Didaktik der Orthografie den Generalschlüssel liefert. Dabei geht es um die Beziehung zwischen sehr verschiedenen Wissensbeständen: dem **prozeduralen**

oder Handlungswissen und dem **deklarativen Wissen**. Diese Begriffe mögen weithin bekannt sein, aber ihr Verhältnis wird in der Praxis oft missverstanden oder bleibt ohne Konsequenz. Das führt zu Fehleinschätzungen der Funktion und des Stellenwerts orthografischer Regeln, denn Schriftsprache wird in hohem Maß eigenaktiv erworben und in der Anwendung nur sehr selten an bewussten Regeln orientiert.

3.1 „Handlungswissen setzt deklaratives Wissen voraus"

Im „LehramtsWiki" der Universität Duisburg-Essen heißt es: „Das prozedurale Wissen greift immer auf das schon bereits vorhandene deklarative Wissen zurück."[3] *Demnach liefe kein Lernprozess ohne Anleitung ab.*

Den wahren Kern dieses Mythos gibt es diesmal nicht. Er ließe sich nur aus der Philosophiegeschichte begründen. Allein mit Blick auf das sprachliche Handeln kann diese Formulierung schon nicht richtig sein. Sie demonstriert eindrücklich einen verbreiteten Irrtum über die Zugänge zu Sprache, die Schulunterricht schaffen kann. Denn auch wenn die Begrifflichkeiten vom Grundsatz her bekannt sind, wird ihre wirkliche Beziehung damit geradezu umgekehrt.

Unter **Handlungswissen** (auch: *prozedurales Wissen*) fassen wir unbewusste Abläufe, die uns keine Aufmerksamkeit abverlangen. Gerade am Beispiel Sprache lässt sich das gut nachvollziehen, produzieren und verstehen wir doch grammatische Sätze, ohne die zugrunde liegenden Regularitäten einer bewussten Verarbeitung zu unterziehen. Zum Handlungswissen gehört auch das *implizite Rechtschreibwissen*, das Schreibende dazu befähigt, Texte ohne Umweg über bewusstes Nachdenken in angemessener Schreibflüssigkeit zu verfassen. In einem Alltagssinn kann die Bezeichnung als *Wissen* vielleicht unpassend wirken, versteht man darunter doch eher bewusst zugängliche, verbalisierbare Informationen. Man bezeichnet das Handlungswissen deshalb zuweilen als *Können*.

Das **deklarative Wissen** ist dagegen sprachlich formulierbar, also mitteilbar. Dazu gehört das *explizite Rechtschreibwissen*, das sowohl deklarative Regel-

3 https://lehramtswiki.uni-due.de/wiki/index.php?title=Prozedurales_Wissen (Zugriff: 25.01.2022).

kenntnis als auch Strategiewissen („Ich schreibe *bärtig* mit <ä>, weil es von *Bart* kommt“) umfasst.

Doch wie erfolgt der Aufbau dieser beiden Wissensbestände und in welchem Verhältnis stehen sie zueinander? Ist die Vorstellung nicht logisch, dass man im Lernprozess immer zuerst eine Anleitung („deklarativ“) erhält, die dann so lange umgesetzt wird, bis sie unbewusst („prozedural“) abläuft? Überlegen Sie anhand der folgenden Aufgabe kurz, ob das so stimmen kann.

Aufgabe 3.1 Angenommen, Sie haben noch nie ein Brot gebacken und wollen das jetzt ändern. In einem Rezept finden Sie diese Arbeitsanweisung:
Geben Sie so viel Wasser hinzu, bis ein elastischer, bindiger Teig entsteht.
Was hilft Ihnen dabei, die Anleitung zu befolgen? Können Sie nach dem Lesen zuverlässig Brotteig herstellen? Ist Ziel des Übens, ohne Rezept auszukommen?

Die Anleitung greift auf prozedurales Vorwissen zurück: Das Hinzugeben von Wasser meint eine beliebige Methode, es mit anderen Bestandteilen zu vermengen. Zudem muss das Konzept Teig grundsätzlich bekannt sein. Sind die beiden Voraussetzungen nicht erfüllt, steht man vor einem seltsamen Rätsel. Andernfalls erkennt man in der Formulierung eine Regel: „Es wird genau so viel Wasser verwendet, dass der Teig eine elastische, bindige Konsistenz bekommt.“ Wie viel das sein wird, weiß man nur, wenn man das Ergebnis schon kennt, denn „elastisch“ und „bindig“ sind anfangs keine bekannten Konzepte. Die Anweisung begrenzt also nur den Raum, in dem man Erfahrungen darüber sammelt, wie Brotteig hergestellt wird. Nach einigen gelungenen und missglückten Broten nähert man sich dem prozeduralen Verständnis dessen, was eine solche Teigkonsistenz ausmacht. Erst jetzt versteht man, was die deklarative Regel sagt.

Aufgabe 3.2 Gehen Sie den Zusammenhang zwischen Anleitung, Erfahrung und nachgeordnetem „Verstehen der Anleitung" mit beliebigen Beispielen durch: Papierfiguren schneiden, Schnürsenkel binden, schwimmen lernen …

Solche Einsichten in das Zusammenspiel von Handeln, Wissen und wissentlichem Handeln stehen in einem Kanon philosophischer Gedanken und neurowissenschaftlicher Befunde. Ursprünglich eingeführt hatte die Unterscheidung zwischen den Wissensarten der britische Philosoph Gilbert Ryle (vgl. Ryle 2015

[1949]). Er nahm damit vorweg, was die Hirnforschung später als „Descartes' Irrtum" (Damasio 1994) entlarvte: Das rationale Denken – also das Analysieren, überlegende Bewerten und bewusste Planen – ist dem eigentlichen Entscheiden und Handeln nachgeordnet. Wir handeln nicht auf der Grundlage bewussten, intellektuellen Abwägens, sondern unser Bewusstsein reflektiert hinterher darüber.

Schon Ryle selbst nannte das die *intellektualistische Legende*, die sich aus der kartesianischen Vorstellung des Geist-Körper-Dualismus ergibt. Wie unser Mythos jedoch zeigt, spukt Descartes' „Gespenst in der Maschine" (Ryle 2015: 13) noch heute durch die Klassenräume. Für die Didaktik ist es daher immer noch eine Aufgabe, dieses Missverständnis in Vermittlungstraditionen aufzudecken und damit allen Ansätzen zugrunde zu legen, *dass einem Wissen immer ein Können vorausgeht*. Für die Deutschdidaktik ist diese Erkenntnis keineswegs neu,[4] doch scheint sie in der praktischen Umsetzung und in verschiedenen Lehrmitteln allenfalls am Rande berücksichtigt. Der Gedanke mag mitunter einfach befremdlich wirken, nimmt er doch ein Stück gefühlter Kontrolle über die Lehr-Lern-Situation.

Nicht zuletzt die Entwicklung des Schriftspracherwerbs, der sich der nächste Mythos widmet, gibt Ryle einmal mehr recht. Vor diesem Hintergrund müssen wir auch das Verhältnis von deklarativem und prozeduralem Wissen sehen, wenn es um den Nutzen von orthografischen Regeln geht.

3.2 „Rechtschreibung lernt man in der Schule"

Weil die Schule den Beginn des gesteuerten Schriftspracherwerbs bedeutet, sei doch außerhalb der Anleitung nichts Substanzielles zu lernen. Ohne Unterweisung fände der Rechtschreiberwerb nicht oder nur fehlerhaft statt.

Der wahre Kern dieses Mythos ist vor allem in der Chancengleichheit zu sehen. Denn obwohl Kinder wesentliche Teile des Rechtschreibsystems nachweislich unangeleitet erwerben, hat die Schule angesichts heterogener Entwicklungsverläufe die wichtige Aufgabe, die Prozesse, die auch ungesteuert ablaufen würden, adäquat zu stützen. Die traditionelle Vorstellung, die Schule bringe die

4 Vgl. dazu v. a. die wegweisenden Arbeiten von Weigl (1976) und Eichler (1976, 1991, 1993), der auch den Begriff der „inneren Regelbildung" geprägt hat, sowie Eichler/ Thomé (1995).

Rechtschreibung nur mittels Regeln und Übungen bei, ignoriert Vorerfahrungen und Eigenleistungen, die für jedes Lernen unabdingbare Grundlage sind.

Kinder setzen sich schon im Vorschulalter mit Schrift auseinander. Sie erkennen, dass Geschriebenes Sprachlich-Zeichenhaftes darstellt, und können einzelne Schriftzüge – den eigenen Namen, ein bestimmtes Firmenlogo usw. – als bedeutungstragende Einheiten begreifen. Untersuchungen zu Spontanschreibungen von Kindern belegen überdies, dass sie die für eine Alphabetschrift elementaren Zusammenhänge zwischen Lauten und Buchstaben bereits vor Schuleintritt entdeckt haben (vgl. z. B. Maas 1992; Brinkmann 2015).[5]

Auch die Verwendung der Satzzeichen lässt sich nicht auf das Ergebnis einer schulischen Anleitung reduzieren. Eichler/Küttel (1993) haben gezeigt, dass Interpunktionszeichen bereits vor jeder Instruktion verwendet werden: In ihrer Korpusstudie setzte ein Fünftel der Schreibenden in der 4. Klasse Kommas weitgehend normkonform. Die erstaunliche Korrektheit der gesetzten Zeichen bestätigte Afflerbach (1997), deren Daten noch deutlich über diese Befunde hinausgehen: Hier kommatierte schon in der 2. Klasse gut ein Viertel die eigenen Texte und der Anteil stieg bis Klasse 4 auf rund 90 %. Dabei verteilten sich die Kommas keineswegs zufällig, sondern sie standen an strukturell erwartbaren Positionen und folgten in etwa 80 % der Fälle der Norm.

In ihren Begründungen versuchen die Kinder mit den ihnen zur Verfügung stehenden Vorstellungen und Konzepten das zu erklären, was sie bereits können. Dabei begründen sie nicht etwa immer mit Pausen oder Intonation. Sie lassen vielmehr Zugriffe auf implizites Strukturwissen erkennen.

Zeichensetzung ist und bleibt dennoch ein Thema für die Schule, auch wenn Kinder die ersten Schritte oft schon vor der eigentlichen Vermittlung unternehmen: Aus den Daten der Studien lässt sich zwar klar auf einen hohen Stellenwert der Eigendynamik schließen, aber sie belegen auch, dass längst nicht alle Kinder eine derartige Entwicklung schon früh beginnen oder gleichermaßen erfolgreich meistern. Auch bei einer Trefferquote von 90 % bleiben 10 % zurück. Ein ungesteuerter Erwerb würde eine sehr heterogene Entwicklung begünstigen. Insgesamt lassen sich folgende Schlussfolgerungen ableiten:

5 Zur Wichtigkeit der Sprach- bzw. phonologischen Bewusstheit im frühen Schriftspracherwerb vgl. Andresen/Funke (2003), Müller (2015).

- Rechtschreibunterricht kann **nicht rein deduktiv** erfolgen, sondern muss bestehende Konzepte (unweigerliche Vorerfahrung mit Schrift) der Lernenden aufgreifen und ggf. in eine normkonforme Richtung steuern.
- Erwerbsprozesse sind auf eine **anregende Umgebung** angewiesen. Nicht alle Kinder sind diesbezüglich außerschulisch gleichermaßen privilegiert. Die Schule muss wesentlich zur Chancengleichheit beitragen, indem sie für Lernende, die ansonsten keine oder wenig Schriftzugänge erfahren, vielfältige Gelegenheiten zu Schrift- und Textbegegnungen schafft (breite Lese- und Vorleseangebote, regelmäßige kleinere Schreibimpulse usw.).
- Induktives Lernen kann durch **bewusste Aufmerksamkeitssteuerung** verstärkt werden. Mit Reflexionsaufgaben wird die Aufmerksamkeit gezielt auf ein bestimmtes Phänomen (einen auffällig gestalteten Text, eine zu entdeckende Regularität, eine nicht normgerechte Schreibung etc.) gelenkt.

3.3 „Rechtschreibung erlernt man durch Regeln"

Schultradition und Lehrmittel stellen das explizite Wissen gern in den Mittelpunkt. Macht man Fehler zum Beispiel bei der Kommasetzung, dann liege das an der fehlenden Kenntnis der Regeln. Abhilfe schaffen könne das bessere Lernen der genauen Formulierungen, das Durcharbeiten eines Merkkastens oder das Nachschlagen im Regelteil des Wörterbuchs.

Der wahre Kern dieses Mythos ist darin zu sehen, dass uns explizite Anleitungen helfen können, unser Handeln bewusst an Vorgaben oder Normen zu orientieren. Richtig ist deshalb auch, dass die Kenntnis von Regelformulierungen generell nützlich sein kann, um Ungewohntes zu beurteilen oder Zweifelhaftes zu entscheiden. Dennoch ist ein solches deklaratives Wissen weder zwingender Bestandteil der basalen Rechtschreibkompetenz noch isoliertes Ziel des Unterrichts. Jede Regel sieht eine Bedingung vor, unter der sie anzuwenden ist. Hat man kein stabiles Konzept zu dieser Bedingung, nützt die beste Regel nichts. Es lässt sich darüber hinaus sogar feststellen, dass explizite Regeln gar nicht immer den Aufbau einer Handlungskompetenz begleiten, ja diesem sogar zuwiderlaufen können. Dieser Mythos muss folglich unbedingt relativiert werden.

3.3.1 Kompetenzerwerb ohne Anleitung

Kinder entdecken und erschließen Regularitäten auch dann, wenn sie nicht unmittelbar dazu angeleitet werden. Das beeindruckendste Beispiel dafür ist der kindliche Erstspracherwerb (→ 4.2.1).

Was im Spracherwerb, aber auch für zahllose Alltäglichkeiten selbstverständlich erscheint, gilt ebenso für ein hochkonventionalisiertes System wie die Orthografie: Deklaratives Wissen ist nicht Auslöser von Erwerbsprozessen. Dass *Kompetenzerwerb ohne Anleitung* erfolgen kann, zeigte bereits die oben skizzierte Entwicklung zur Kommasetzung.

Ein weiteres Beispiel betrifft zwar nicht die Zeichensetzung, bestätigt die Eigendynamik im Schriftspracherwerb aber noch eindrücklicher. Man kann hier nicht nur von fehlender Anleitung sprechen, sondern sogar von einem *Kompetenzerwerb trotz Anleitung:* Entgegen den Erkenntnissen der Didaktikforschung (vgl. etwa Röber-Siekmeyer 1999; Wilhelmus/Nünke 2001; Günther 2007) wird die satzinterne Großschreibung anfänglich zumeist nach wie vor als eine Großschreibung der Lexemklasse Nomen vermittelt. Dazu wird versucht, über semantische, morphologische und lexikalische Eigenschaften ein Konzept zu dieser Wortart aufzubauen. Die Kenntnis der Lexemklasse Nomen ist jedoch für die Rechtschreibung kaum nützlich, denn die satzinterne Großschreibung ergibt sich in den allermeisten Fällen aus dem syntaktischen Status eines Wortes als Kern einer Nominalgruppe – unabhängig von der Kategorie des Lexems, das an dieser Stelle steht.

Grundschulkinder erhalten also eine irreleitende Unterweisung, in deren Folge sie am Ende der Primarstufe weder nominalisiert gebrauchte Wörter anderer Wortarten noch Unbekanntes großschreiben dürften. Die sog. *Pseudodiktat-Studien*, bei denen bis auf die Funktionswörter alles andere durch Nonsens-Wörter ersetzt wird, zeigen, dass das aber nicht der Fall ist. Kinder verwenden in solchen Texten nicht nur überhaupt Großbuchstaben, sie tun dies sogar systematischer und syntaktisch fundierter als in Diktaten mit bekannten Wörtern (vgl. Günther 2007: 174).[6]

Die Beispiele lassen sich nur dann deuten, wenn man von einer *unbewussten* inneren Regelbildung ausgeht, die nicht direkt (oder gar nicht) von einer aktiven Vermittlung ausgelöst wird.

6 Näheres zu den Pseudodiktaten und zur Vermittlung der satzinternen Großschreibung wird im LinguS-Band 7 behandelt.

Dass der Wirksamkeit von deklarativen Regeln Grenzen gesetzt sind, weiß jede erfahrene Lehrperson: *Explizites Regelwissen und Handlungswissen hängen nicht zwingend zusammen.* So hat der vielbeachtete Beitrag von Müller (2007), der insgesamt nicht ohne verschiedentliche Kritik geblieben ist (vgl. z. B. Nerius 2009), unter anderem gezeigt, dass die Fähigkeit zur Begründung der Kommasetzung aus dem reinen Regelwissen heraus kaum mit der tatsächlichen Kommasetzungskompetenz korreliert. Die in der sog. *Algorithmus-Hypothese* gefasste Vorstellung, Schreibende überprüften und korrigierten im Schreibprozess ihre Texte fortlaufend unter Anwendung der deklarativen Regeln, konnte nicht bestätigt werden. Lernende greifen in dieser Phase auf ihr prozedurales Rechtschreibwissen zurück, das mehr oder weniger kongruent mit den eigentlichen Normen ist (vgl. Eichler 1993; Eichler/Thomé 1995).

3.3.2 Regeln haben Fundamente

Dass sich Kinder Regeln selbstständig und außerdem erfolgreich erschließen, kommt nicht von ungefähr. Die frühe Konfrontation mit der geschriebenen Sprache leitet den Schrifterwerb ein, bevor er von der 1. Klasse an steuernd begleitet wird. Es kann nicht verwundern, dass dabei Eigentümlichkeiten wie Großbuchstaben und Satzzeichen nicht unbemerkt bleiben. Die hohe Motivation zur Aneignung des Schriftsystems schließt diese denn auch mit ein, weshalb (unbewusste) Regel- bzw. Handlungshypothesen zur Verwendung aufgestellt und von vielen Kindern in eigenen Texten erprobt werden.

Aufgabe 3.3 Dehn (2007: 74) berichtet, dass Kinder, deren Schrifterwerbsverlauf zu Schulbeginn in eine von der Norm gewünschte Richtung geht, gegen Ende der ersten Klasse plötzlich davon abweichen, indem sie z. B. „Kinderwagen mit *ie*" schreiben. – Wie schätzen Sie diese Abweichung ein? Können Sie sie begründen?

Auch die hohe Trefferquote bei der Anwendung ist kein Zufall. Das System der Rechtschreibung ist keines, das auf willkürlichen Festlegungen beruht oder aus dem Nichts heraus erklärt werden müsste: Die Schriftkultur brachte Texte bis hin zu gedruckten Büchern hervor, lange bevor es verbindliche Kodifizierungen von Rechtschreibsystemen gab. Auch haben Schreibende nie frei von jedweder *überindividuellen* Systematik agiert. Stets gab es erkennbare Gepflogenheiten, die für Lesende und Schreiblernende intuitiv ergründbar sein mussten. Das gilt bis heute, denn die Schrift ist keine losgelöste Erfindung, sondern eine *Ausprägung der Sprachfähigkeit*, die die Menschen teilen. Jede Erscheinung der Schrift, auf deren Basis sich Regeln formulieren lassen, hat ihr natürliches Fundament in der Funktionsweise der Sprache selbst.

Es ist also wiederum kein Wunder, wenn Kinder auf der Suche nach Regularitäten zielsicher fündig werden. Sie bedienen sich vergleichbarer kognitiver Fähigkeiten wie beim Erwerb der gesprochenen Sprache. Auch die Tatsache, dass bekannte deklarative Regeln im eigenen Schreiben häufig nicht angewendet werden, lässt darauf schließen, dass solche Regeln *keine Initialzugänge* bilden können.

Daraus soll nun nicht vorschnell abgeleitet werden, es sei das Beste, auf die Entwicklung einfach keinen Einfluss zu nehmen. Doch kann vor diesem Hintergrund der konkrete Nutzen und Stellenwert von orthografischen Regeln genauer beleuchtet werden.

3.4 „Regeln haben ausgedient"

Die Relativierung des Stellenwerts von Regeln kann zu dem Schluss verführen, auf ihren Einsatz im Unterricht könne oder müsse man verzichten. Kinder würden die Orthografie doch besser und schneller erwerben, überließe man sie dabei einfach sich selbst.

Den wahren Kern dieses Mythos hat der vorherige Abschnitt umrissen: Kinder eignen sich orthografisches Wissen selbstständig an – manchmal entgegen der unterrichtlichen Instruktion. Doch haben Regeln vielfältigere Zwecke, als Grundlagen oder Zugänge zu schaffen. Sie stützen Entscheidungsprozesse, ermöglichen die Verständigung über Unbewusstes und geben Orientierung im Normativen. Richtig eingesetzt, steuern sie Erwerbsprozesse.

3.4.1 Ein altes Bedürfnis

In der Entwicklung von Schriftsystemen spielen Regeln eine wesentliche Rolle. Vermutlich ist die Erfahrung, dass sich fremde Texte trotz aller Gemeinsamkeiten auch unterscheiden in Aspekten, die dem eigenen Anspruch an „das richtige Gefühl" zuwiderlaufen, so alt wie die Schrift. Spätestens mit der Notwendigkeit einer überregionalen Verständigung ist das Bedürfnis nach Normierung in jeder Kultur gestiegen. So gibt es seit der Antike immer wieder Belege für Versuche, Schriftsprachlichkeit zu regulieren. Man will das Gefühl in Worte fassen und der geeignete Weg scheint die Handlungsanweisung in Form einer Regel zu sein.[7]

Aufgabe 3.4 Menschen reden gerne über ihre Sprache. Können Sie Beispiele nennen, wo Sprachnormen verhandelt werden?

Das gilt auch für die Verschriftung des Deutschen. Ein vermehrtes Bemühen um Einheitlichkeit wird mit der Erfindung des Buchdrucks im 15. Jahrhundert immer offensichtlicher. Was anfangs einzelne Druckereien betraf, wurde ab dem 16. Jahrhundert mehr und mehr zur überregionalen Aufgabe, sodass Grammatiken und Rechtschreiblehren entstanden, die den rechten Gebrauch der Schrift festhalten sollten. Dabei wurden die Regeln nicht einfach von den Autoren erfunden, das heißt, neue Schreibungen entstanden daraus nicht (vgl. Dürscheid 2012: 169). Man versuchte vielmehr, die bestehenden Gepflogenheiten in einer Art beschreibend zu fassen, dass sie anderen Entscheidungshilfe sein konnten.[8]

Neben dem offensichtlichen Zweck der Vereinheitlichung ist der Mehrwert von Rechtschreibregeln vor allem darin zu sehen, dass sie *Ebenen des sachlichen Austauschs* bieten über einen Gegenstand, der sonst im Emotionalen und Vagen verhaftet bliebe. Deklaratives Wissen wird damit zur Kulturtechnik.

In der Auseinandersetzung über das „gefühlt Richtige" muss der Gegenstand zwangsläufig auf eine Metaebene gehoben werden, und das gelingt nur, indem man ihn auf die Funktionsweise von Sprache bezieht. Oder anders gefasst: Über Rechtschreibregeln lässt sich nicht sprechen, ohne die menschliche Sprachfähigkeit als Bezugssystem zu setzen. Umgekehrt ist die Auseinandersetzung mit

7 Unsere heutige Bezeichnung *Rechtschreibung* ist eine Lehnübersetzung aus dem lateinischen Wort, das im deutschen Fremdwort *Orthografie* weiterlebt. Aber auch die alten Römer hatten das Bedürfnis nach dem „richtigen Schreiben" nicht erfunden. Die Wortbildung stammte hier von den Griechen, die ὀρθογραφία (orthographía) wohl schon gleichbedeutend verwendeten. Darauf deutet zumindest der Titel eines sonst nicht überlieferten Werks des Grammatikers Herodian hin: περὶ ὀρθογραφίας (perí orthographíās), also „Über die Rechtschreibung".

8 Die Vielfalt all dieser Beiträge aus fünf Jahrhunderten kann hier nicht angemessen dokumentiert werden; vgl. für einen Überblick z. B. Thomé (2019).

Regeln eine Möglichkeit, Facetten dieser Sprachfähigkeit sichtbar zu machen. Regelformulierungen können also:

- **zugänglich und verständlich** machen, was via Introspektion allein nicht greifbar wird, nämlich die **Funktionsweise von Sprache**.
- den **Austausch** mit anderen und die **Adaption** fremden Handelns ermöglichen, da sie die nötige **Metaebene** erzeugen.

Regeln sind damit Ausgangspunkt für die *Reflexion und Weiterentwicklung* der eigenen Kenntnisse und Fähigkeiten. Sie vermitteln zwischen bereits vorhandenem (prozeduralem) Können und (deklarativem) Wissen.

3.4.2 Regeln können steuern

Beim ungesteuerten Erwerb können Lernende auf dem Weg zur Zeichensetzungskompetenz zu unterschiedlichen Regelhypothesen gelangen, die der Norm eventuell zuwiderlaufen. Deklaratives Wissen kann dann hilfreich sein, vor allem wenn keine grammatischen Strukturbeziehungen, sondern reine Konventionen betroffen sind. Die folgenden Beispiele zeigen zwei Interpunktionsfehler dieser Art:

(1) Aaron und Lena haben zwei sehr gute –in vielen Formulierungen aber auffallend ähnliche– Aufsätze geschrieben.
(2) Das Beste wäre es mit den beiden, die ja Banknachbarn sind, einmal in Ruhe zu reden.

In Beispiel (1) fehlen die Zwischenräume nach dem ersten bzw. vor dem zweiten Gedankenstrich. Das lässt vermuten, dass es zwar ein stabiles Konzept von Einschüben gibt (= Strukturbeziehung), die reine Konvention, beim Gedankenstrich beide Zwischenräume zu setzen, jedoch nicht bekannt ist. Die Norm über eine deklarative Regel kennenzulernen, schafft Abhilfe.

In Beispiel (2) fehlt das Komma nach dem Pronomen *es*. Bei Infinitivgruppen ist die Kommasetzung tatsächlich oft freigestellt (→ 5.4). Im vorliegenden Fall erfordert das Korrelat *es* die Setzung. Der Hintergrund liegt in einer prinzipiell intuitiv erschließbaren Regelmäßigkeit, nämlich dass die Infinitivgruppe in diesem Satz syntaktisch einem Nebensatz entspricht (= Strukturbeziehung). Die Freigabe bei vergleichbaren Strukturen (z. B. ohne Korrelat) führt jedoch dazu, dass eine Systematik mitunter kaschiert wird, sodass man hier im Zweifel schlichtweg wissen muss, was die Regeln vorsehen.

Beide Beispiele gehören zur weiterführenden Orthografie und zeigen Phänomene, die sich so nur in der Schriftsprache wiederfinden. Sie setzen stabile Grundkonzepte und -kenntnisse voraus. Regeln können hier zweierlei leisten:

- Sie geben das deklarative Wissen, **bewusste Entscheidungen** zu treffen.
- Sie leiten das Handeln an und ermöglichen eine **Erweiterung des prozeduralen Wissens**. Entscheidungen werden unbewusst normgerechter.

3.4.3 Regeln brauchen Fundamente

Rechtschreibregeln können zu *Reflexions- und Weiterführungszwecken* gewinnbringend eingesetzt werden. Damit dies gelingen kann, müssen ihre Fundamente im Sinne von *Voraussetzungen* anerkannt werden. Diese Fundamente sind:

- allgemeine sprachstrukturelle Fähigkeiten
- adäquates deklaratives Vorwissen

Unter den **sprachstrukturellen Fähigkeiten** ist die Grammatik zu verstehen. Richtig ausgewählte grammatische Analysen (→ 4) schaffen transparente und stabile Konzepte dessen, was die Zeichensetzung schließlich regelt: Grenzen anzuzeigen und dabei ggf. semantisch-pragmatische Markierungen einzubeziehen. Kapitel 5 und 6 widmen sich diesen Aufgaben der Satzzeichen. Für die Beispiele (1) und (2) oben lässt sich fragen:

- Liegen stabile Konzepte zur Satzwertigkeit von Ausdrücken bzw. zur Art eines Einschubs vor, auf die intuitiv zurückgegriffen werden kann?
- Ist die Funktion der Zeichen Komma und Gedankenstrich als paarige syntaktische Grenzsignale intuitiv erfasst?

Das sind wohlgemerkt keine Fragen, die sich auf deklaratives Wissen zur Zeichensetzung beziehen könnten. Salopp gesagt, nützt das Wissen nichts, wie Nebensatzkommas verwendet werden sollen oder wie wichtig sie sind, wenn der Begriff Nebensatz das eigentliche Rätsel bleibt.

Adäquates deklaratives Vorwissen zu berücksichtigen, heißt, unterschiedlich komplexe Voraussetzungen und Hintergrundkonzepte zu erkennen, die ohne Überforderung nur in kleinen Schritten erschlossen werden können. Eine Regel kann sich zum Beispiel auf eine andere Regel beziehen, die eine dritte Regel einschränkt, das aber nur unter den Bedingungen einer vierten Regel usw. Man muss sich dann über die gesamte Kette verständigen können, um die letzte weiterführende Regel zur Steuerung neuer Handlungserfahrungen einzusetzen. Das Folgende entspricht zwar nicht der amtlichen Formulierung, zeigt aber, was man wirklich wissen (also können) muss, wenn man das Komma bei der Infinitivgruppe aus Beispiel (2) richtig setzen will:

> *Kommas begrenzen bestimmte syntaktische Einheiten. → Nebensätze gehören zu solchen syntaktischen Einheiten. → Infinitivgruppen können Nebensätze sein, müssen es aber nicht. → Bei Infinitivgruppen ist die Kommasetzung deshalb freigestellt. → Spricht ein Kriterium (wie das Korrelat) für den Nebensatzstatus, ist die Kommasetzung darum wieder verbindlich. → Es sei denn, es handelt sich um den bloßen Infinitiv ...*

In der Praxis geht es nicht darum, solche Zusammenhänge formelhaft benennen zu können, sondern im Schreibprozess ganz einfach auf ein stabiles Konzept von Satzwertigkeit zurückzugreifen. Das deklarative Wissen kann den Austausch auf dem Weg dahin Schritt für Schritt stützen.

Allgemeiner kann man sagen, dass jede Handlungsanleitung in Wygotskis *Zone der proximalen Entwicklung* liegen muss, wie sie in Lerntheorie und Entwicklungspsychologie postuliert wird (vgl. Wygotski 1987): Die Eigenleistung, die Kinder erbringen, lässt sich durch Anleitung nur dann zielführend erweitern, wenn das Niveau dieser Anleitung nur wenig über der Eigenleistung liegt. Lernen gelingt, wenn ein Impuls von außen leicht überfordert, die Aufgabe aber im Prinzip mit den bereits vorhandenen Fähigkeiten lösbar wäre. So lassen sich Erfahrungen machen, die mentale Repräsentationen (= implizite Regeln = prozedurales Wissen) erzeugen und die dem deklarativen Wissen letztlich erst die Substanz geben. Das ist der Zugang zum eigenen Handeln, der das Fundament für weitere Anleitungen bildet.

3.4.4 Regeln müssen einen Sinn haben

Als *Kulturgut und kulturelle Praxis* sind Schrift und Schreiben geprägt von etlichen normativen Ansprüchen, die sich nicht völlig frei von jeder Anleitung aneignen lassen. Ein gänzlich ungesteuerter Erwerb hätte mindestens diese Nachteile:

- Wie bei der gesprochenen Sprache stünden **isolierte Entwicklungen** einer überregionalen Einheitlichkeit im Weg.

- Gelerntes bliebe uns **introspektiv nicht zugänglich** und wäre dadurch nicht adäquat formulierbar und transferierbar.
- Lernende sind zu Schulbeginn unterschiedlich weit fortgeschritten; ohne Steuerung würden sich die **Unterschiede noch vergrößern**.

Berücksichtigt man diese Punkte, erscheinen Regeln und aktive Steuerung des Erwerbs unabdingbar. Entscheidend sind Zeitpunkt und Art des Einsatzes, weshalb Voraussetzungen verstanden und Entwicklungsdynamiken einbezogen werden müssen:

- Unbewusste **sprachstrukturelle Fundamente** sind der einzige Schlüssel zur grundlegenden Zeichensetzungskompetenz.
- Die Lehr-Lern-Progression muss in der **Zone der proximalen Entwicklung** bleiben.

Initialzugänge sind folglich *jenseits von Rechtschreibregeln* zu schaffen oder auszubauen. Aus den vorangegangenen Überlegungen ist klar geworden, dass sich dafür nur ein Unterricht anbietet, der einen intuitiven Zugang auf sprachstrukturelle Fundamente anregt und der Rechtschreibthemen zunächst stringent ausklammert. Kapitel 4 gibt dazu konkrete Vorschläge.

3.4.5 Ein Perspektivenwechsel

Bisher wurden die Funktionen von Regeln bei der Vermittlung in den Blick genommen. Unter veränderter Perspektive lässt sich auch fragen, wie sich Regeln in den Schreibprodukten Lernender wiederfinden. Welches Regelwissen zur Zeichensetzung zeigt sich im folgenden Satz eines Siebtklässlers?

(3) Das Buch, das Anna auf den Tisch gelegt hat und die Zeitschrift über den Klimawandel gehören Julius.

Der Schüler schließt den Satz mit einem Punkt ab, was darauf hinweist, dass ein Konzept von Sätzen als abgeschlossene Einheiten vorliegt. Außerdem setzt er das Komma vor dem eingeschobenen Nebensatz korrekt. Hingegen fehlt das Komma nach *hat*, das den Nebensatz nach rechts abgrenzt.

Die Abweichung fällt naturgemäß mehr auf als das der Norm Entsprechende. Der hohe gesellschaftliche Stellenwert der Orthografie und die Lehraufgabe verleiten dazu, sich vorschnell auf die Fehler zu stürzen und in ihnen einen Mangel an Kompetenz zu sehen. Erkennt man aber an, dass der Schriftspracherwerb ähnlich verläuft wie der kindliche Spracherwerb (→ 4.2.1), müssen Fehler als notwendige Entwicklungsschritte verstanden werden. Sie sind Momentaufnahmen im Erwerbsprozess und ermöglichen Lehrenden wichtige diagnostische Einblicke.

Aufgabe 3.5 Vorausgesetzt, solche Fehler treten bei diesem Schüler systematisch auf: Welche internen Regeln könnte er aufgebaut haben? Was würde ihm weiterführend helfen?

3.5 „Rechtschreibkompetenz misst man an Fehlern"

In einem landläufigen Verständnis gilt als rechtschreibkompetent, wer normkonform schreibt. Der Schluss liegt dann nahe: Je mehr Fehler, desto geringer die Rechtschreibkompetenz.

Der wahre Kern dieses Mythos ist offensichtlich: Wer orthografisch korrekte Texte verfassen kann, ist rechtschreibkompetent. Der Umkehrschluss ist differenzierter zu betrachten. Ein nur an „normativer Richtigkeit" orientierter Umgang mit Fehlern verstellt den Blick auf das, was bereits beherrscht wird. Er verkennt außerdem, dass Fehler Ausdruck des Erwerbsprozesses sind.

Jedes Lernen erfolgt über die Bildung, Anwendung und (Eigen-)Korrektur von Handlungshypothesen. Im Prozess kommt es regelmäßig zu Über- und Untergeneralisierungen, was sich unmittelbar im Fehlerbild spiegelt. Diverse Untersuchungen zeigten, dass sich Falschschreibungen überwiegend linguistisch begründen lassen als systematische Schritte in Erwerbsprozessen (vgl. z. B. Thomé 1989, 2001). Sie einzuordnen, bedeutet, Entwicklungsstände einzuschätzen und nicht Defizitbilanzen zu führen. So lassen sich Angebote bereitstellen, die die Progression passend stützen.

Kompetenzen zeigen sich also auch *in* Fehlern. Wenn jemand schreibt: *„Das ist gut.", sagt Ulli,* ist der Punkt am Ende der direkten Rede zwar ein Normverstoß. Im Gesamtblick wird jedoch eine Übergeneralisierung erkennbar, denn Frage- und Ausrufezeichen wären hier zu setzen. Die fehlerhafte Schreibung zieht das basalste Merkmal der *syntaktischen Grenze* zur Verallgemeinerung heran und es wird nicht erkannt, dass an dieser Stelle nur Zeichen mit *semantisch-kommunikativer Mehrleistung* zu setzen sind (→ 6.1.2 und 6.5.2).

Solche Beobachtungen sollten sich auf den Umgang mit Fehlern auswirken. Eine „Komplettkorrektur" kann zur Lernstandserhebung sinnvoll sein. Als genereller Korrekturmodus ist sie gerade für schwächere Lernende problematisch, teilt sie doch vor allem die Defizite mit, was zu Vermeidungsstrategien und genereller Schreibunlust führen kann. Soll die Fehlerkorrektur lernförderlich sein, muss sie aus der Erwerbsperspektive betrachtet werden. In der Korrektur ist eine Auswahl vorzunehmen, die für Lernende überschau- und bewältigbar bleibt (zur Umsetzung vgl. Schmellentin/Lindauer 2019).

3.6 „Richtig schreiben lernt man durch Üben"

Bei Befragungen, wie Rechtschreibkompetenz gefördert werden kann, nennen Lehrende vor allem das „Üben". In der Praxis zeige sich guter Rechtschreibunterricht an einer großen Menge von Übungsblättern.

Der wahre Kern dieses Mythos: Handlungsabläufe können durch Üben gefestigt werden. Üben darf sich aber nicht im Quantitativen erschöpfen, sondern muss Vorwissensbestände einbeziehen und Angebote schaffen, die Lernende Schritt für Schritt unterstützen. Im Bereich der Zeichensetzung kann dies ohne eine **fundierte Auseinandersetzung mit sprachlichen Strukturen** nicht gelingen. Angebote, die Lernenden Zugänge zu ihrem impliziten Sprachwissen ermöglichen, sind daher fundamentalster Teil jeder Übungspraxis, ohne dass dabei die Rechtschreibung bereits thematisiert werden muss (→ 4.7).

Auf dem Buchmarkt und im Internet gibt es eine starke Nachfrage nach Übungsmaterial. Auch zur Zeichensetzung finden sich zahlreiche Angebote. Da diese Art des Übens aus der Praxis kaum wegzudenken ist, sollen im folgenden Exkurs Hinweise gegeben werden, wie Qualität und Wirksamkeit zu prüfen sind.

3.6.1 Exkurs: Isoliertes Üben

Ziel isolierter Übungen ist das, was man in der Lernpsychologie „Automatisierung" nennt, also das Trainieren von Teilfertigkeiten, um prozedurales Wissen auszubauen und das Arbeitsgedächtnis zu entlasten. Das schafft Raum für höhere kognitive Aktivitäten. Solche Übungen sind auf einzelne Aspekte **fokussierende, komplexitätsreduzierte Aufgaben**. Ihr Einsatz im Rechtschreibunterricht ist etwas umstritten; es existieren kaum Studien, die ihre Wirksamkeit schlüssig belegen.[9] Immerhin weiß man aber aus anderen Disziplinen wie Sport oder Musik, dass sich das prozedurale Wissen durch regelmäßiges Üben an Teilfertigkeiten weiterentwickelt. Dort knüpft es erkennbar und unweigerlich am bestehenden Handlungswissen an. Fehler erfahren eine unmittelbare Rückmeldung, wodurch Anpassungen ausgelöst werden. Beim Radfahren ist die Schwerkraft, bei der Flöte der falsche Ton ein sofortiges Korrektiv.

Auf welchem Handeln Übungen für die Rechtschreibung aufbauen, ist dagegen oft weniger klar. Geht man mit dem in diesem Kapitel Erörterten davon aus, dass immer nur sehr nahe Entwicklungsschritte zu erwarten sind, lässt sich zumindest die **Qualität einzelner Angebote** gut beurteilen. Übungsmaterialien sind deshalb zuerst immer nach dem Spektrum einbezogener Phänomene zu bewerten. Im Idealfall wird nur *eine spezifische Erscheinung* betrachtet, denn nur so können rückmeldende Korrekturen direkt zugeordnet werden. Gute isolierte Übungen befinden sich folglich in der Zone der proximalen Entwicklung, was bedeutet:

- **Sie differenzieren nach Vorwissen.** Das Übungsangebot darf weder über- noch unterfordern. Die Progression ist dabei kleinschrittig; alle Lernenden sollen ausgehend von ihrem aktuellen Entwicklungsstand in der Lage sein, die Aufgaben zu lösen, solange sie sich darauf konzentrieren können.
- **Sie fokussieren Reguläres.** Ausnahmen und noch nicht Behandeltes werden ausgeblendet.
- **Sie isolieren ausgewählte Teilbereiche** bzw. Teilfertigkeiten. Andere Teilfertigkeiten werden gezielt vernachlässigt: Liegt z. B. der Fokus auf dem Reihungskomma, sollen Nebensatzkommas in den Übungssätzen nicht vorkommen.
- **Sie werden regelmäßig angeboten.** Dazu genügen kurze Sequenzen über längere Zeiträume verteilt.
- **Sie erfahren eine unmittelbare Rückmeldung.** Diese erfolgt idealerweise durch Anleitung zur Eigenkorrektur/Selbstwiderlegung (→ 4.3.2).

9 Ise et al. (2012) konnten bei Lernenden mit Rechtschreibschwierigkeiten Effekte nachweisen.

Aufgabe 3.6 Erklären Sie, weshalb die folgende Übung zur Kommasetzung den Kriterien für gute isolierte Übungen nicht entspricht.

Mit oder ohne Komma?

Merke: Mit Kommas trennt man Wörter, Wortgruppen oder Teilsätze ab.

Ergänze die fehlenden Kommas.

1. Ich genieße es durch die Straßen zu bummeln und in die Schaufenster zu schauen.
2. Hast du bemerkt dass sich über uns ein Gewitter zusammenzieht?
3. Wir mögen sowohl Pizza als auch Nudelgerichte.
4. Max der ein kleines Mathegenie ist hat einen Preis gewonnen.
5. Julius liebt Tiere vor allem Katzen.
6. Ich fuhr gestern zum Training obwohl ich krank war und kaum stehen konnte.

3.6.2 Eine Zwischenbilanz

Wie und was soll geübt werden? Bevor wir in den weiteren Kapiteln auf konkrete Gegenstände und Vorschläge zur Methodik eingehen, können zunächst folgende Kerngedanken festgehalten werden:

- Isolierte Übungen sind sinnvoll, wenn es sich um **komplexitätsreduzierte Aufgaben** handelt, die am prozeduralen Vorwissen anknüpfen.
- Deklaratives Regelwissen kann per definitionem gar nicht Gegenstand von Übungen sein. Geübt werden Handlungsabläufe, die Regelformulierungen erst im Nachhinein begreiflich machen. Das Handeln lässt **stabile innere Konzepte** von Regelbedingungen und -wirkungen entstehen, die auf sprachstrukturelle Fähigkeiten der Lernenden zurückgreifen.

Alle Satz- und Wortzeichen sind Grenzsignale (→ 2.4.2), die den grammatischen Aufbau sichtbar machen. Daraus folgt, dass es initial nicht die Zeichensetzung selbst sein kann, die geübt werden muss. Stattdessen müssen die sprachstrukturellen Fundamente als Schlüssel zur Zeichensetzungskompetenz gesehen werden: Kommasetzung übt sich nicht, indem man Kommas setzt, sondern indem man eine Vorstellung darüber aufbaut, welche Strukturen hinter den Regeln stehen. Das geht nicht ohne Grammatik – und davon handelt das nächste Kapitel.

4 Nicht ohne Grammatik: Fundamente entdecken

Das System der Zeichensetzung hat keine direkte Entsprechung im Lautstrom der gesprochenen Sprache. Dennoch sind seine Grundlagen genauso die Strukturen, nach denen Sätze – und zum Teil auch Wörter – organisiert sind. Ohne die Lehre vom Aufbau von Sätzen (Syntax) und Wörtern (Morphologie) im Hintergrund lässt sich das System nicht adäquat beschreiben. Die Grammatik geht der Zeichensetzung zwingend voraus.

Unter Grammatik verstehen wir allerdings sehr Verschiedenes: Da ist einerseits die Perspektive auf die *analysierend-beschreibende Tradition* der Schulgrammatik, die vor allem begriffliche Metaebenen schafft. Ihr Mehrwert ist nicht in einem abstrakten Bildungswissen zu sehen, sondern im weiterführenden *Austausch über Sprache*. Hier schließt die *normativ-präskriptive Grammatik* an, um die es in der Schule mitunter auch geht, denn schließlich müssen gesellschaftliche Konventionen zum *Umgang mit Sprache* bekannt gemacht werden.

Andererseits ist da die – für die Didaktik bedeutsamere – Perspektive auf die *mentale Grammatik*, die Kinder im Erstspracherwerb in ihren wesentlichen Zügen vor der Schulzeit längst sicher aufgebaut haben. Sie ist das Fundament der beiden anderen Vorstellungen von Grammatik und sie muss den Ausgangspunkt für jede Didaktik der Sprache bilden – inklusive die der Zeichensetzung.

Auch wenn der Zusammenhang zwischen Grammatik und Zeichensetzung unstrittig ist, existieren einige Mythen über das konkrete Verhältnis zwischen den drei Vorstellungen von Grammatik und dem Ziel eines normgerechten schriftsprachlichen Handelns, die sich unmittelbar auf die Lehr-Lern-Situation auswirken. Dieses Kapitel arbeitet sie auf.

4.1 „Rechtschreibung und Grammatik unterrichtet man zusammen"

Rechtschreibung und Grammatik werden im Deutschunterricht gern als Einheit gesehen. Dabei kann es so wirken, als könne das eine nicht ohne das andere existieren. Schlimmer noch: Lehrmittel missbrauchen Rechtschreibthemen, um grammatische Phänomene zu erörtern.

Der wahre Kern dieses Mythos liegt im umgekehrten Verhältnis der beiden Bereiche: Viele Rechtschreibthemen lassen sich nur auf Grundlage sprachlicher Strukturen erschließen. Dazu gehört insbesondere die Zeichensetzung mit ihren schulischen Schwerpunkten. Doch heißt das ebenso wenig, dass man Grammatik direkt mit der Rechtschreibung verbinden sollte.

4.1.1 Desaster Kommadidaktik

Bei Erwerbsaufgaben konstruieren Menschen *schrittweise*, weshalb die richtige *Reihenfolge der Entwicklungsaufgaben* zu berücksichtigen ist. Manche Ansätze zur Zeichensetzung missachten diese Zusammenhänge ganz systematisch. Das folgende Beispiel ist zwar verkürzt gefasst, demonstriert aber eine verbreitete Vorgehensweise, wie sie in Lehrmitteln zu finden ist.

> *Nebensätze werden mit einem Komma abgetrennt. Einen Nebensatz erkennst du daran, dass er oft mit einer* Subjunktion *oder einem* Relativpronomen *eingeleitet wird und sein* finites Verb immer am Ende *steht. Subjunktionen sind z. B.* weil, da, damit, nachdem, wenn, falls, dass, sodass, als, obwohl. *Relativpronomen sind* der, die, das, welcher, welche, welches.

Aus der Gesamtanlage dieses Lehrkonzepts ergeben sich nicht nur Schönheitsfehler, sondern gravierende Mängel. Sie drehen sich alle um die *Post-hoc-Erklärung* zum eigentlich vorauszusetzenden Konzept *Nebensatz*:

- **Die Erklärung ist ein Zugeständnis**: Man erwartet fehlende grammatische Kenntnisse und nimmt sie einfach in Kauf.
- **Die Erklärung ist unzureichend**: Neben Subjunktional- und Pronominalnebensätzen gibt es vier weitere formale Varianten (→ 4.4.1).
- **Die Erklärung ist sachlich falsch**: Die Finitum-Letzt-Stellung ist kein zwingendes Kriterium für einen Nebensatz, nicht einmal eine prototypenhafte Reduktion. (→ 4.4.1; vgl. auch Hauptsätze wie *Es regnet*, die zwar keine Finitum-Letzt-Sätze sind, deren Finitum aber dennoch „am Ende" steht.)
- **Die Erklärung ist irreführend**: Die Wortformen, die als Relativa gebraucht werden, kommen auch in anderer Funktion vor (z. B. *der/die/das* als Artikel und als Demonstrativpronomen). Relativa müssen zudem nicht das erste Wort eines Relativsatzes sein und sie sind schon gar keine „Einleitewörter", sondern Satzglieder oder Gliedteile im Nebensatz.

- **Die Erklärung ist zirkulär**: Ob eine Subjunktion bzw. ein Relativum vorliegt, lässt sich nicht am isolierten Wort bestimmen, denn die Lexemklassen geben diese Unterscheidung nicht her. Die beiden Wortarten beziehen sich stattdessen auf syntaktische Kategorien, die sich aus der kontextuellen Verwendung ergeben. Diese hier bestimmen zu können, setzt voraus, dass man das Konzept Nebensatz bereits kennt (→ 4.4).

Dieser desaströse Zustand der Kommasetzungsdidaktik, die wohlgemerkt den mit Abstand wichtigsten Teil der schulischen Zeichensetzungsdidaktik bildet, wird in der Fachliteratur regelmäßig kritisiert. So stellt zum Beispiel Bredel (2016: 29) fest, dass sich hieraus eine Zerstückelung eines einzigen Gegenstands in Regeln für einzelne Satzarten mit Unterregeln für semantische Subklassen ergibt, obwohl nur *eine* Gesetzmäßigkeit erkannt werden muss. Diese Gesetzmäßigkeit ist eine grammatische und keine der Zeichensetzung.

4.1.2 Didaktische Reduktion?

Solche hochproblematischen Vorgehensweisen werden gern „im Sinne der didaktischen Reduktion und Verständlichkeit billigend in Kauf genommen" (Metz 2016: 293). Der Blick auf die entstehenden Fehler und Schwierigkeiten lässt das genaue Gegenteil erahnen:

- Statt ihn zu reduzieren, bläht man den Gegenstand unnötig auf.
- Die Verständlichkeit wird durch Überforderung und erhebliche Sachmängel eingeschränkt.
- Der Schriftspracherwerb wird dadurch in seiner Eigendynamik behindert, weil überflüssige Irritationsmomente entstehen.

Der Versuch, Rechtschreibung und Grammatik auf diese Weise aneinander zu koppeln, muss scheitern. Schließlich bleibt die Entwicklungs- und Erwerbsrichtung gänzlich unbeachtet.

4.1.3 Lösungsansatz

Man muss sich von der Paarformel „Rechtschreibung und Grammatik" lösen, damit die beiden Systeme in ihrer Unterschiedlichkeit transparent bleiben und ihre Beziehungsrichtung nicht verschleiert wird. Grammatik ist primär eine natürliche menschliche Fähigkeit, Strukturen zu erkennen und zu bilden, wohingegen die Rechtschreibung hochkonventionalisierte Komponenten besitzt. Diese haben ihr Fundament zwar zu einem großen Teil in der Grammatikfähigkeit des Menschen, sie ergeben sich aber nicht einfach daraus.

Die *Fähigkeit zur Grammatik* ist für uns introspektiv nicht ergründbar. Das heißt, Menschen können nicht unmittelbar erklären, wie und warum sie welche sprachlichen Ausdrücke (wie Satzglieder und Sätze) bilden. Die *Verständigung über Grammatik* ist deshalb die notwendige Kulturtechnik, solche unbewussten Fähigkeiten begrifflich fassbar zu machen. Sie unterstützt Rechtschreiblernende dabei, sich die für die Zeichensetzung wesentlichen Fundamente zu erschließen.

Respektiert man diesen Verlauf zusammen mit den Befunden zum unangeleiteten Rechtschreiberwerb (→ 3.2), bedeutet das:

- Grammatikunterricht muss in ausreichendem Umfang früh und zielgerichtet eingesetzt werden, wobei die Methoden den Entwicklungsstand akzeptieren, ihn also nicht über-, aber vor allem auch nicht unterschätzen (siehe den folgenden Mythos).
- Nachgeordnete Themen wie die Zeichensetzung sind dabei nicht einzubeziehen, ja ganz bewusst unerwähnt zu lassen.

Für eine grundlegende Zeichensetzungskompetenz benötigt man zuerst stabile Zugriffe auf das Konzept Satz mit seinem formalen Aufbau sowie seinen inneren und äußeren funktionalen Beziehungen. Das erschließen die schulgrammatischen Bereiche der Satz- und Satzgliedlehre. Moderne methodische Ansätze hierzu finden sich u. a. im **Verbenfächer/Königreichmodell** (→ 4.7.1) und im **Feldermodell** (→ 4.7.2) sowie im **Treppengedicht** (siehe den LinguS-Band 7).

4.2 „Grammatik lernt man in der Schule"

„… oder eben nicht!", so könnte dieser Mythos weitergehen. In einer Variante heißt es, viele beherrschten die Grammatik nicht.

Der wahre Kern dieses Mythos ist in den zwei sekundären Vorstellungen von Grammatik zu finden, der deskriptiven und der auf ihr fußenden normativen. Tatsächlich vermittelt die Schule den Zugang zu beidem, indem sie einerseits die zuvor angesprochene *Kulturtechnik der Verständigung über Grammatik* initiiert. Das ist die Deskription des sprachlichen Handelns. Andererseits wird normatives Wissen vermittelt, das auf das sprachliche Handeln zurückwirken kann und soll. Je nachdem, wie erfolgreich dieses Unterfangen ist, kann man sagen, Menschen hätten „diese Grammatiken" besser oder schlechter gelernt. Was dieser Mythos aber ausblendet, ist die schlichte Tatsache, dass beide Arten von Grammatik auf ein hochkomplexes System zurückgreifen, das Kinder längst selbstständig erworben haben müssen: *die mentale Grammatik*. Solange keine echte Sprachentwicklungsstörung im Bereich des Dysgrammatismus diagnostiziert werden kann, funktioniert diese innere Grammatik mit Sicherheit tadellos. Schullektionen vermitteln sie nicht, aber sie nutzen ihre Existenz.

4.2.1 Kinder sind genial

Für Sprachwissenschaft und -didaktik ist es überhaupt keine Frage, Erkenntnisse aus der Spracherwerbsforschung zur mentalen Grammatik in Überlegungen zum Schriftspracherwerb einzubeziehen. Die Schulpraxis tut sich vor allem im Bereich des Zeichensetzungsunterrichts mitunter (noch) etwas schwerer. Betrachtet man das System der Interpunktion nur als Deskription in Form eines Regelapparats, der völlig für sich stünde, erscheint es leicht so überkomplex, dass es Kinder überfordern müsse.

Dabei leisten Kinder viel Erstaunlicheres, wenn sie innerhalb von recht kurzer Zeit die phonetisch-phonologischen, suprasegmentalen, lexikalischen, morphologischen, wort- und satzsemantischen sowie bestimmte pragmatische Regularitäten ihrer Muttersprache erschließen. Das tun sie vor ihrer Schulzeit ungesteuert, größtenteils unbelehrt und ganz nebenbei.

Erst die intensive Erforschung der Sprachfähigkeit im Rahmen der *Generativen Grammatik* seit der Mitte des 20. Jahrhunderts hat uns ansatzweise erahnen lassen, was das allein für Syntax und Semantik bedeutet. Allzu leicht mag man die folgenden Beispiele, die in der Kindersprache in bestimmten Stadien – weit vor der Schule – regelmäßig auftreten, als seltsam fehlerhaftes Deutsch abtun. (Die Daten stammen von Kauschke 2012: 86 ff., die sie aus der Fachliteratur zusammenstellt. Für weitere Belege und Interpretationen siehe dort.)

(1) *Mama* **Ball** <u>**suchen**</u>
(2) *ich* **Schaufel** <u>**haben**</u>
(3) *Mone* auch **Lump** <u>**ausziehen**</u>
(4) nicht **Papa** <u>**umschmeißen**</u>
(5) hier **Buch** <u>**vorlesen**</u>

Auf den ersten Blick sucht man vergebens nach einer Entsprechung in der Erwachsenensprache und könnte eine mangelhafte Nachahmung vermuten. Doch was Kinder hier tun, hat ein cleveres System.

Die besondere Wortstellung folgt demselben Muster: Das infinite (!) Verb (fett und unterstrichen) steht hinten, unmittelbar davor eine vom Ereignis betroffene Person oder Sache (fett). Diese beiden Bestandteile bilden eine basale semantisch-syntaktische Einheit in Sätzen. Sie bezeichnet meist den Wechsel oder Erhalt eines Zustands in der spezifischen Art und Weise, die im Verb verankert ist. So wechselt etwa in (4) *Papa* seinen Zustand von *stehend* zu *liegend.*

Drückt das Prädikat zusätzlich aus, dass so ein Zustandswechsel oder -erhalt einem aktiven Einfluss unterliegt, gibt es eine handelnde (oder auch besitzende) Person wie in (1–3) (kursiv). Sie steht in der Abfolge ganz vorn. Sonstige Informationen (nicht hervorgehoben) haben ihre Position dazwischen.

In solchen Sätzen der Kindersprache erkennt die Grammatiktheorie erstaunliche Parallelen zu dem, was wir als *Kernaussage* oder *Proposition* bezeichnen:

Die **Proposition** ist der grundlegende Bedeutungszusammenhang zwischen Prädikat und Satzgliedern. Sie spiegelt sich in der Grundwortstellung wider.

Diese Wortstellungsmuster entsprechen nicht zufällig in vielem dem, was wir bei Finitum-Letzt-Nebensätzen sehen: Die Bestandteile des Verbprädikats stehen geschlossen am Ende und insbesondere das Vorfeld (→ 4.7.2) bleibt unbesetzt. Das liegt vor allem daran, dass Nebensätze solcher Art aufgrund ihrer Abhängigkeit vom übergeordneten Satz (→ 4.4.1) keinen eigenständigen Bezug auf die Wissenswelt des Gegenübers oder auf die Textwelt herstellen (müssen). Doch sehr viele Äußerungen der Erwachsenensprache, die den Kindern im realen sprachlichen Input begegnen, zeigen einen anderen grammatischen Aufbau und diversere Möglichkeiten der Informationsverteilung:

(6) **Such den Ball,** *Mama! Mama* muss **den Ball suchen.**
(7) **Die Schaufel habe** *ich. Ich* **habe die Schaufel**.
(8) *Mone* will **den Lump** auch **ausziehen.**
(9) **Schmeiß Papa** nicht **um!**
(10) **Lies** mir **das Buch** ab hier **vor!**

Die Beispiele (6–10), die noch weiter variieren könnten, sind nicht einfach beliebige Alternativen. Sie ergeben sich aus Bedeutungsanreicherungen der Kernaussage, durch die ein bestimmtes finites Verb entsteht und die zur Besetzung der linken Satzklammer und ggf. des Vorfelds führen. Das bringt eigenständige Sätze hervor, die dem Gegenüber u. a. Informationen zur zeitlichen Einordnung (vergangen, gegenwärtig, zukünftig), zum unterstellten Wahrheitsgehalt (Feststellung, Vermutung, Zurückweisung ...) und zur Art der Äußerung (Aussage, Frage, Aufforderung ...) geben. Man kann dabei zwei grobe Schritte unterscheiden, die die Abweichungen in den grammatischen Sätzen älterer Kinder und Erwachsener systematisch erklären:

Die Proposition wird in Zeiten und Welten der Sprecherin / des Sprechers verortet. Das erfolgt durch die Finitheitsmerkmale (Tempus und Modus) und ggf. Modalverben. So entsteht eine **Prädikation.**

Wird diese Prädikation nun in Hörer- oder Textwelten integriert, bringt das die einzelnen **Satzmodi** hervor, was insbesondere Einfluss auf die Wortstellung hat.

Kinder schließen im Spracherwerb folglich von komplexen Strukturen auf das Zugrundeliegende, ohne dass sie dafür konkrete Vorlagen oder Anleitungen erhalten. Das zeigt eindrucksvoll, dass sie keineswegs zufällig nachahmen, bis sie verstanden werden, sondern dass sie gezielt de- und rekonstruieren, was sich letztlich in unbewussten Strukturregeln manifestiert.

Diese Leistung erbringen Kinder Schritt für Schritt in überindividuell vergleichbaren Abläufen. Hinter der semantischen Dreischichtigkeit von Sätzen aus *Proposition*, *Prädikation* und *Satzmodus* lassen sich auch drei grobe, logisch geordnete Phasen im Erwerb der Syntax vermuten. Nur innerhalb des letzten dieser drei Entwicklungsschritte befinden sich Kinder für gewöhnlich noch, wenn sie zur Schule gehen, denn gerade die Textweltenverortung verbunden mit der Vorfeldbesetzung und dem Satzmodus erfordert kognitiv den Rückgriff auf umfangreiche und komplexe Verarbeitungseinheiten. In den Jahren, die dieser Erwerb braucht, begleitet der Schulunterricht u. a. hin zur Schriftsprachlichkeit in Ausdruck und Stil.

Wir können hier nicht weiter auf Details zu Erwerbsaufgaben und -abläufen eingehen und müssen das für die Belange dieses Bandes auch gar nicht.[10] Es wird allein an diesem Einzelaspekt des Spracherwerbs offensichtlich genug, dass Kinder schon vor der Schule Entwicklungen ohne Anleitungen und Vorbilder

10 Vgl. dazu weiterführend den LinguS-Band 10.

bewältigen, die wesentlich anspruchsvoller sind, als es jeder Gegenstand der Schulgrammatik je sein könnte. Interessant für die Zeichensetzung ist vor allem:

- Kinder haben bereits im Vorschulalter das wesentliche Zusammenwirken von Syntax und Semantik intuitiv durchdrungen.
- Kinder bilden bereits grammatische Sätze aller Satzarten. Sie verfügen über (unbewusste) mentale Repräsentationen der dazu nötigen Strukturregeln.

4.2.2 Die Rolle der Schulgrammatik

Kinder erlernen in der Schule also nicht „die Grammatik". Die deskriptive Schulgrammatik ist zwingend logisch zu differenzieren von der mentalen Grammatik. Sie schafft eine Metaebene, auf der die unbewussten Fähigkeiten sichtbar und beschreibbar gemacht werden. Darüber können schließlich normative Ziele erreicht werden, was neben dem allgemeinen Sprachgebrauch in Wort und Schrift die Zeichensetzung einschließt.

Die Relevanz dieser Einsicht ist nicht zu unterschätzen: Betrachtet man den Bezugsgegenstand der Schulgrammatik nämlich nicht als völlig neu einzuführenden, sondern als fundamental und unweigerlich vorhandenen, relativiert das die vielbeschworene Erwartung einer zu frühen Überforderung ganz entscheidend. Der bisherigen Argumentation weiter folgend, ergibt sich:

- Reines Begriffs- und Regelwissen bleibt ohne Handlungserfahrung, die auf implizit bereits Vorhandenes zurückgreift, gegenstandslos.
- Übungseinheiten im Grammatikunterricht zielen deshalb nicht auf die Anwendung von Regeln, sondern auf das Entdecken sprachlicher Strukturen.

Aufgabe 4.1 Was bedeutet es, zu wissen, was ein Nebensatz ist? Erläutern Sie mit Bezug auf die Konzeptionen mentale und deskriptive Grammatik.

4.2.3 Risiko Schulgrammatik

Dass viele die Grammatik nicht beherrschten, ist eine Variante dieses Mythos, die in ihren schulischen Auswirkungen etwas diffiziler erscheint. Wir berichten hier kurz verfremdet über einen Fall, der dem Autor im Berufsschulunterricht für Logopädie begegnet ist, aber mit Sicherheit exemplarisch für zahlreiches Ähnliches steht.

Fallbeispiel

Eine Schülerin beklagte am Ende eines Halbjahres voller Grammatikübungen, sie beherrsche das Kasussystem des Deutschen nicht. Ihre Leistungen im Feld Satzgliedlehre waren überdurchschnittlich gut und auch in der formalen Kasusbestimmung fanden sich keine Hinweise darauf, dass etwa die Anwendung von Proben ein Problem sein könnte. Nein, sie selbst könne die Kasus nicht richtig verwenden, vor allem Dativ und Akkusativ verwechsle sie immer, erklärte sie auf Nachfrage.

Dem Grammatiker ist sofort klar, dass diese Behauptung nicht stimmen kann. Schließlich hätten sich in der Kommunikation Schwierigkeiten von so erheblichem Ausmaß ergeben, dass der Fall pathologisch wäre. Er bat die Schülerin daraufhin, die Nominalgruppe [der Stadtverkehr] mit den Präpositionen *mit* (Dativ-Rektion) und *durch* (Akkusativ-Rektion) zu verbinden. Überzeugt, es gelänge ihr nicht, ergänzte sie zögerlich:

- *mit* ***den*** *Stadtverkehr*
- *durch* ***den*** *Stadtverkehr*

Der Beweis schien für sie erbracht. Doch auf die Bitte, nun [die Autoschlange] einzusetzen, antwortete sie viel spontaner:

- *mit* ***der*** *Autoschlange*
- *durch* ***die*** *Autoschlange*

Es bedurfte keiner weiteren Erklärung, denn das Fachwissen zur Interpretation ihres Handelns besaß die Schülerin nach dem Halbjahr zuverlässig. Tränen unterdrückend erklärte sie, ihr Deutschlehrer habe ihr jahrelang die Unfähigkeit zur richtigen Verwendung von Dativ und Akkusativ attestiert.

Was steckt dahinter? Das Kasussystem ist eine sehr stabile Komponente der mentalen Grammatikfähigkeit, beurteilt man es nicht aus einer normativen Warte. Das Deutsche hat ein gemischtes System aus formal zwingend anzuzeigenden (beim Genitiv) und abstrakten Kasusmerkmalen, die zwar immer vorliegen und bestimmbar sind, aber nicht an der Form sichtbar werden müssen (bei allen anderen Kasus). Dass der vermeintliche Zusammenfall von Dativ und Akkusativ nur bei maskulinen Nominalgruppen auftritt, hätte bei entsprechenden Fachkenntnissen auffallen müssen. Beim Femininum sind die Formen andere und sie werden stabil differenziert.

Der Fall ist eine rein lautliche Erscheinung, die überregional als *m*-Schwund auftritt: Auslautende Nasale werden neutralisiert, was sprachvergleichend keine Besonderheit des Deutschen ist (vgl. Gallmann 2016). Das Ergebnis ist keine Vermischung von Dativ und Akkusativ, denn die abstrakten Kasusmerkmale bleiben völlig unberührt. Nur die morphologische Unterscheidung, die das System des Deutschen bei diesen Kasus ja eben nicht verlangt, wird zum Teil abgebaut.

Die gravierende fachliche Fehleinschätzung brachte keine korrektive Intervention, stattdessen nur emotionale Wunden, die eine verfälschte negative Selbstwahrnehmung bezüglich einer bereits bei kleineren Kindern souverän ausgebildeten Fähigkeit erzeugten. Erschwerend kommt hinzu, dass die Schülerin ansonsten wohl kaum Berührungsängste mit sprachlichen Themen hatte, sonst hätte sie sicher keinen sprachtherapeutischen Berufsweg begonnen.

So gesehen birgt die traditionelle Schulgrammatik eine gewisse Gefahr, wenn sie zu unangemessenen Kurzschlussbegründungen verführt. Solche Fälle lassen sich didaktisch einfach vermeiden:

- Die Schulgrammatik darf das Normative nicht unter **Vernachlässigung der Erkenntnisse zur mentalen Grammatik** überbetonen.

Aufgabe 4.2 Von Studierenden hört man manchmal die Aussage: „Meiner Deutschlehrerin gefielen meine Aufsätze, aber in Grammatik ich war noch nie gut." Weshalb sollten solche Äußerungen befremden?

4.3 „Zeichen setzt man nach Gefühl"

„Das spürt man doch einfach." – Das ist wohl die häufigste Antwort auf die Frage, warum ein bestimmtes Satz- oder Wortzeichen verwendet wurde.

Der wahre Kern dieses Mythos ist gleichzeitig das primäre Ziel einer Zeichensetzungsdidaktik, aber nur dann, wenn das Gefühl nachher auch „das richtige" ist. Dabei geht es um den zuverlässigen Rückgriff auf unbewusste Handlungsstrategien im Schreibprozess. Der Mythos ist dennoch zu relativieren, denn erstens braucht es zur Schreibentscheidung manchmal mehr als das. Zweitens ist auch die allgemeine Reflexionsfähigkeit über das eigene sprachliche Handeln ein Ziel des Deutschunterrichts, das nicht vergessen werden darf. Nicht zuletzt stellt sich aber vor allem die Frage, was zu tun ist, wenn das Gefühl nicht zu den Normen passt.

4.3.1 Die Relativität des Gefühls

Es liegt unterdessen auf der Hand, was es mit dem oft diskutierten „Gefühl" bei der Zeichensetzung (vgl. z. B. Müller 2007; Krafft 2016) auf sich hat: Entscheidungen werden auf Basis des prozeduralen Wissens getroffen und sind zunächst nicht auf deklarativen Ebenen rationalisierbar. Wenn Befragte auf einer Gefühlsebene begründen, deutet das darauf hin, dass sie hochinternalisierte Strategien anwenden. Ihre Entscheidung ist somit zunächst *eine sichere*, auch wenn kein normgerechtes Ergebnis entsteht und Nachfragen irritieren können.

Die **didaktische Herausforderung** ist nicht so sehr darin zu sehen, wie man eine Entwicklung hin zum „richtigen Gefühl" begünstigt. Das ergibt sich aus dem vorangehend Erarbeiteten:

- Es sind die Fundamente der Zeichensetzung, die in der menschlichen Fähigkeit zur Grammatik liegen, die zunächst erschlossen werden müssen, und nicht die deklarativen Rechtschreibregeln.
- Jeder Vermittlungsschritt respektiert die hohe Eigendynamik der Erwerbsaufgabe und unterstützt sie durch Auseinandersetzung mit grammatischen Strukturen, die die Basis eines deklarativen Regelwissens bilden sollen.

Vielmehr besteht das Problem darin, dass auch eine solche Vorgehensweise in ihrer Umsetzung und Wirkung nie perfekt sein kann und zudem nicht von weiteren Erwerbseinflüssen isoliert. Vor- oder Parallelerfahrungen führen allzu oft dazu, dass Fehlkonzepte genauso internalisiert werden wie geeignete. Eine Gefühlsbegründung allein ist also kein Garant für den richtigen Weg hin zur Zeichensetzungskompetenz. Kurz gesagt: Das Gefühl kann auch falsch sein.

Wichtig für die Lehr-Lern-Situation ist, dass das Gefühl als *manifeste mentale Repräsentation* in einem komplexeren Gesamtsystem von Vorstellungen ernst genommen wird, auch wenn es zu „falschen" Ergebnissen führen mag. „Falsch" bedeutet hier „nicht normgerecht" oder „nicht outputadäquat". Für Lernende gibt es oft eine ursächliche innere Logik, in der das Fehlkonzept passend erscheint. Das heißt vor allem:

- Eine Gefühlsbegründung ist fehlerdiagnostisch nicht mit einer Willkürentscheidung zu verwechseln.

4.3.2 Wenn das Gefühl nicht zu den Normen passt …

… sind fundierte fachliche und fachdidaktische Kenntnisse notwendig, um *individuelle* Interventionsstrategien entwickeln zu können. Diese setzen den eigenen Überblick über das Zeichensetzungssystem, dessen Fundamente und typische Fehlkonzepte voraus.

Die Begründungen von Lernenden mögen zwar hilfreiche Hinweise geben, aber sie sind vor allem *Sekundärphänomene* und erlauben keinen direkten Einblick in die wirklichen Entscheidungsstrategien, sondern nur in das *Reflexionsverhalten*: Auch beim (gewohnten) Schreiben mangelt es am introspektiven Zugriff auf die eigenen Fähigkeiten. Die kognitiven Aufgaben des Handelns und des Begründens sind sehr verschiedene. Das hat zur Folge, dass sich ein explizites **Begründungsverhalten jenseits des Gefühls** etablieren kann, das sich an unverstandenem deklarativem Regelwissen – und damit nur am *normativ Erwünschten* – ausrichtet.

Oft wird dann an Parametern argumentiert, die einfacher fassbar erscheinen als eine syntaktische Struktur. In den Studien werden immer wieder *Intonation*, *Sprechpausen*, *Satzlänge* und *Semantik* als typische Erklärungskriterien genannt. Solche Merkmale stehen zwar in einem beschreibbaren Zusammenhang zur Syntax, doch ist dieser kein so unmittelbarer, dass er die Zeichensetzung für die Schule adäquat erfassen könnte. Im Gegenteil: Diese Kriterien sind viel anspruchsvoller als die Syntax, auch wenn das intuitiv manchmal nicht nahe liegt.

Daraus lässt sich die eigentliche **didaktische Chance** ableiten. Als oberste Prämisse gilt die Akzeptanz des höheren Stellenwerts der „aus dem Gefühl" getroffenen Handlungsentscheidung gegenüber dem Begründungsverhalten. Die Konsequenz für die Praxis mag überraschen:

- Explizite Begründungen Lernender sind im ersten Schritt unkommentiert, ja unberührt zu lassen. Sie sind vor allem nicht einfach zurückzuweisen oder intellektuell zu widerlegen.

Warum geben wir eine solche Empfehlung? Lern- und Entwicklungsprozesse sind keine öffentlichen Dispute, sondern innere Entdeckungsreisen. Fehlkonzepte sind in ein stabiles Geflecht verschiedenster Vorstellungen integriert, die sich im Gespräch kaum offenlegen lassen. Das korrektive Moment einer Intervention lässt sich deshalb besser erzeugen, wenn es subjektiv initiiert wird:

- Fremdwiderlegung destabilisiert das Gesamtgeflecht der Vorstellungen, Selbstwiderlegung restrukturiert und rekonstruiert es.

Fallbeispiel

Der folgende Satz wird von drei Lernenden fehlerhaft kommatiert, und zwar jeweils mit dem gleichen Ergebnis:

- *Wie die meisten kleineren Vertreter aus der Ordnung der Nagetiere, sind die Siebenschläfer nicht bei allen Menschen beliebt.*

Maria begründet:
„Dort endet der Nebensatz."

Julius begründet:
„Der Satz ist sehr lang und dort vorn ist eine Grenze für die Bedeutung."

Anna begründet:
„Das Komma steht dort, wo man eine Pause beim Sprechen macht."

Aus der Lehrendenperspektive muss zunächst auffallen, dass das fehlerhafte (zu viel gesetzte) Komma strukturell keine willkürliche Position hat. Es steht am Ende eines Vorfelds, das mit einem komplexen Satzglied besetzt ist. Vorausgesetzt, dieses Fehlerbild lässt sich im **qualitativen Gesamtbild sonstiger Kommafehler** reproduzieren, bietet sich in allen Fällen als Grundlage an, die Feld-Klammer-Struktur von Sätzen mit dem Feldermodell transparent und begrifflich fassbar zu machen (→ 4.7.2). Die weiteren Interventionen nutzen Aspekte des Begründungsverhaltens zur Eigenkorrektur.

Maria orientiert sich mit ihrer Aussage am normativ Erwünschten, ohne dass sie das Konzept *Nebensatz* wirklich kennt. Sie kann es sich selbst erschließen, indem sie im Feldermodell die Satzklammer als Position für das Verbprädikat entdeckt und dadurch das formale Charakteristikum von Sätzen in ihre Strategie einbezieht. Ob sich ihre Fehlvorstellung zuvor aus einem Signalwort („wie") oder aus der Länge des Satzglieds ergab, ist unerheblich. Ziel ist Marias Eigenkorrektur: „Das ist kein Nebensatz."

Die Aussage von **Julius** hat Anklänge an normativ Erwünschtes („Satz", „Grenze"), stellt aber Fehlzusammenhänge her: Weder Länge noch Bedeutung sprachlicher Einheiten stehen in Bezug zur Kommasetzung. Julius kann das durch Variationen am Gegenstand entdecken, aber auch durch Austauschen, Kürzen und Erweitern von Satzgliedern und Nebensätzen ganz allgemein:

(1) *Wie alle Nagetiere* sind die Siebenschläfer nicht bei allen Menschen beliebt.
(2) *Wie wir sehen,* sind die Siebenschläfer nicht bei allen Menschen beliebt.
(3) *Wie wir spätestens seit dem Mittelalter ganz eindeutig an vielen Beispielen sehen,* sind die Siebenschläfer nicht bei allen Menschen beliebt.
(4) *Nagetiere* sind bei vielen Menschen nicht beliebt.
(5) *Wer unsere Vorräte frisst,* ist bei den Menschen nicht beliebt.

An Beispielen wie (4) und (5) wird erkennbar, dass das Komma keine „Bedeutungsgrenzen" anzeigt, denn Nominalgruppe und Nebensatz haben dieselbe Funktion als Subjekt. Ziel ist Julius' Eigenkorrektur: „Sowohl Satzglieder als auch Nebensätze können lang oder kurz sein." Eine implizite Erkenntnis ist zudem: „Auch Satzglieder bilden semantische Einheiten. Das ist also nicht der Grund für ein Komma."

Annas Aussage gibt keinen Bezug zum normativ Erwünschten. Woher die Eigenregel auch stammt, die Hypothese dahinter kann sie selbst widerlegen, indem sie den eigenen Redefluss und den anderer beobachtet. Lautes gegenseitiges Vorlesen verschiedener Sätze mit Variation der Intonationsverläufe (rhetorische Betonungen) zeigt, dass es keinen Zusammenhang zwischen Kommasetzung und Sprechpausen gibt. Die fett gesetzten Silben werden mit gleichzeitiger Reduktion des Sprechtempos stark betont, die Schrägstriche zeigen rhetorische Pausen; sonst wird kontinuierlich gesprochen:

(6) Wie die **meis**ten // kleineren Vertreter aus der Ordnung der Nagetiere sind die Siebenschläfer nicht bei allen Menschen beliebt.
(7) Wie die meisten kleineren Vertreter aus der Ordnung der **Na**getiere // sind die Siebenschläfer nicht bei allen Menschen beliebt.
(8) Wie die meisten kleineren Vertreter aus der Ordnung der Nagetiere sind die **Sie**benschläfer // nicht bei allen Menschen beliebt.

Diese Entdeckung kann mit Nebensätzen in die Gegenrichtung erweitert werden, indem man zeigt, dass diese gar keine Sprechpausen erzeugen (müssen), wo Kommas gesetzt werden. Ziel ist Annas Eigenkorrektur: „Kommasetzung hat nichts mit Sprechpausen zu tun und auch die Intonation ist flexibel."

Um Überlegungen wie im Fallbeispiel zu verallgemeinern, sind Leitfragen wie die folgenden hilfreich.

- Haben die Fehler ihre Ursache im Rückgriff auf nicht ausschlaggebende sprachliche Strukturen?
- Handelt es sich um internalisierte Einzelregeln, die einen eigentlich richtigen strukturellen Zugriff überlagern?

Beides kann aus den etablierten Vermittlungsstrategien resultieren. Zur Intervention bietet sich ein dreischrittiges Verfahren an:

- Begründung akzeptieren
- implizite Handlungsgrundlage untersuchen (qualitative Fehleranalyse) und verstehen (Einordnung im Gesamtsystem der Regelgrundlage)
- irritierende Handlungsräume zur Eigenkorrektur (Reflexion) gestalten

Erst wenn „das Gefühl" dadurch in die richtige Richtung leitet, eignen sich mitunter an deklarativem Regelwissen orientierte Erweiterungen und Interventionen. Dass diese in der *Zone der proximalen Entwicklung* liegen müssen, bedeutet für die Zeichensetzung nichts anderes, als dass stabile Konzepte der den Regeln zugrunde gelegten grammatischen Erscheinungen *Satz/Nebensatz*, *Zusatz/Nachtrag*, *Satzglied/Gliedteil* und *Reihung* existieren müssen. Das heißt, die Begriffsbildung muss abgeschlossen sein. Was sich hinter diesen Konzepten genau verbirgt und wie man ihr Entdecken unterstützt, behandeln die restlichen Mythen des Kapitels.

4.4 „Nebensätze behandeln Nebensachen"

Man solle darauf achten, wie man komplexe Sätze arrangiert, denn schließlich dürfe sich die wesentliche Information nicht im Nebensatz verbergen. Hier erwarteten Lesende doch Nebensächliches.

Den wahren Kern dieses Mythos sucht man vergebens. Das Gemeinte mag *vielleicht* auf einen ungeeigneten stilistischen Rat zurückzuführen sein. Unter diesem Deckmantel wird manchmal empfohlen, auf die Informationsverteilung in Satzgefügen zu achten. Eigentliches Ziel ist die Vermeidung überkomplexer Schachtelsätze, denn die können Lesefluss und Verständnis behindern. Mit Absolutheitsanspruch umgesetzt, ergäbe sich daraus eine furchtbare Verarmung der Ausdrucksmöglichkeiten. Das muss man nicht weiter begründen. Wir schauen lieber aus Sicht der Grammatik, was Nebensätze sind und was sie leisten.

Aufgabe 4.3 Eine Variante des Mythos lautet: „Dass Nebensätze Nebensachen behandeln, erkennt man daran, dass sie weglassbar sind." Widerlegen Sie diese Aussage.

4.4.1 Das Konzept Nebensatz

Unter einem **Nebensatz** verstehen wir eine Einheit, die in sich die Eigenschaften eines Satzes aufweist und nach außen durch eine funktionale Abhängigkeit von einem anderen (Teil-)Satz gekennzeichnet ist. Der Begriff des Satzes ist dabei manchmal gar nicht so einfach zu bestimmen. Wir wollen uns für diesen Bereich der Zeichensetzung an grammatisch prototypischen Sätzen orientieren und folgen damit im Wesentlichen Duden 4 (2016: 776):

Ein **Satz** ist eine nach syntaktischen Regeln gebildete Einheit aus einem *Prädikat* (in Form eines Verbs oder mit einem Verb) und seinen *zugehörigen Satzgliedern.*

Auch Nebensätze sind also mit Blick auf ihre eigenen inneren Beziehungen vollständige grammatische Einheiten im Sinne von Sätzen. Sie können formal sehr unterschiedlich erscheinen, was eine bloß an der Form orientierte Generalisierung – zum Beispiel anhand von Einleitewörtern oder der Stellung des finiten Verbs – didaktisch unmöglich macht. Um verstehen zu können, wie Nebensätze viel allgemeiner zu charakterisieren sind, eignet sich daher der „Blick von außen", sprich die Betrachtung der Verhältnisse im Gesamtsatz, wesentlich besser. Bei der weitaus überwiegenden Zahl von Nebensätzen lassen sich dadurch satzglied- oder gliedteilartige Aufgaben im übergeordneten Satz gut erkennen.

Die folgende, längst nicht vollständige Übersicht gibt dazu ein paar Beispiele und benennt sowohl die **Form des Nebensatzes** als auch dessen syntaktische **Funktion im übergeordneten Satz**; unterstrichen ist jeweils der Nebensatz, das formal kennzeichnende Merkmal ist fett gesetzt.

(1) *Form: Subjunktionalnebensatz*
   a. *Funktion: Aktant (Subjekt)*
      Ob der Siebenschläfer wirklich sieben Monate schläft, ist fraglich.
   b. *Funktion: Aktant (Objekt)*
      Man kann beobachten, **dass** er sogar acht Monate lang überwintert.

(2) *Form: Pronominalnebensatz* (= Relativ- oder Interrogativnebensatz)
   a. *Funktion: Attribut*
      Die Tiere bevorzugen Nahrung, **die** viel Energie liefert.
   b. *Funktion: Aktant (Subjekt)*
      Wem schon einmal ein Siebenschläfer begegnet ist, erinnert sich gern an seine geschickte Kletterkunst.

(3) *Form: Uneingeleiteter Nebensatz mit finitem Verb an erster Stelle*
   a. *Funktion: Adverbiale*
      Solltest du das Tier einmal sehen, verhalte dich ganz ruhig.

(4) *Form: Uneingeleiteter Nebensatz mit finitem Verb an zweiter Stelle*
   a. *Funktion: Aktant (Objekt)*
      Siebenschläfer **seien** gute Hausgeister, meint der Volksglaube.
   b. *Funktion: Attribut*
      Die Vorstellung, es **gäbe** so etwas wie Hausgeister, findet sich in Sagen und Mythen.

(5) *Form: Satzwertige Infinitivgruppe*
   a. *Funktion: Aktant (Objekt)*
      In den Sommermonaten versucht ein Siebenschläfer, so viel wie möglich **zu fressen**.
   b. *Funktion: Adverbiale*
      Um sicher überwintern **zu können**, zieht sich der Siebenschläfer oft in eine sehr kleine unterirdische Höhle zurück.

(6) *Form: Satzwertige Partizipgruppe*
 a. *Funktion: Prädikativ oder Adverbiale*
 Akrobatisch an Baumstämmen **kletternd**, ähneln die Tiere den Grauhörnchen.
 b. *Funktion: Attribut*
 Diesem Foto, einen Siebenschläfer zwischen Laub und Ästen **zeigend**, fehlt es an Kontrast.

Die Liste könnte problemlos um weitere Kombinationen aus Form und Funktion ergänzt werden, doch es wird hier sicher schon deutlich genug, dass das Gesamtkonzept *Nebensatz* in der Schule nur durch eine intensive Auseinandersetzung mit der grammatischen Erscheinung des Satzes einerseits (Fokus: eigenes Prädikat) und den Abhängigkeitsverhältnissen andererseits (Fokus: übergeordnetes Prädikat/Valenz) stabil zu erschließen ist.

Die Vergleichbarkeit mit einem Satzglied des übergeordneten Satzes wird besonders gut ersichtlich, betrachtet man zusätzlich die **Stellung des Nebensatzes**. Er kann sowohl voran- als auch nachgestellt und zudem eingeschoben auftreten. Das entspricht einer Position im *Vorfeld*, *Nachfeld* oder *Mittelfeld* des übergeordneten Satzes (zu den Feldern siehe die LinguS-Bände 5 und 13 sowie → 4.7.2):

(7) *Nebensatz im Vorfeld*
 a. Dass Hausgeister wirklich existieren, glauben nur noch wenige.
 b. Wer oft Albträume hat, gehört vielleicht dazu.

(8) *Nebensatz im Nachfeld*
 a. Die Menschen wollten schon immer gern wissen, woher die nächtlichen Geräusche stammen.
 b. Gegen manche Geister soll es helfen, viel Knoblauch zu essen.

(9) *Nebensatz im Mittelfeld*
 a. Im Volksglauben waren Nachtalben, die den Menschen Grauen einflößen, stets sehr gefürchtet.
 b. Ihnen wurde im Mittelalter die Fähigkeit, ihre Gestalt zu wechseln, als reale Möglichkeit nachgesagt.

Nebensätze werden in der Schule traditionell nach weiteren Gesichtspunkten klassifiziert. Besonders verbreitet ist das im Lateinunterricht wurzelnde **Kriterium der Semantik** bei den Adverbialsätzen, das dort helfen kann, eine passende Übersetzung zu wählen. Mit Blick auf die Zeichensetzung im Deutschen ist allerdings keinerlei Mehrwert zu erkennen. Hier ist grundsätzlich immer zu überlegen, welches konkrete Ziel man verfolgt, wenn man Kausal-, Final-, Modal-, Konditionalsätze und dergleichen bestimmen lehrt.

Eine fundamentalere Möglichkeit zur semantischen Beschreibung bietet die klassische Unterscheidung zwischen *Inhalts-, Relativ- und Verhältnissätzen.* Sie kann unter Umständen geeignet sein, einen geordneten Überblick über das zu gewinnen, was Nebensätze leisten. Allerdings müssen formale und allgemein-funktionale Aspekte bereits gut bekannt sein, bevor man diese Art der Betrachtung anstrebt, denn die Klassifikation setzt voraus, dass zunächst der Nebensatz als solcher erkannt wird. Sie ist also bestenfalls für eine vertiefende Auseinandersetzung in der Sekundarstufe II zu erwägen, keinesfalls jedoch als ein Zugang zur Zeichensetzung.

4.4.2 Zur Terminologie

Unter anderem an den zuletzt vorgestellten Begriffen offenbart sich ein zentraleres **terminologisches Dilemma,** denn es können zum Teil ungünstige Fehlassoziationen hervorgerufen werden. Hier ist nicht nur die Bezeichnung *Inhaltssatz* zu nennen, die Eigenartiges über das suggerieren mag, was kein Inhaltssatz ist. Auch „Relativ" und „Verhältnis" sind weder selbsterklärend noch zur Unterscheidung gut geeignet, bedeuten sie doch eigentlich dasselbe.

Das bringt uns zurück zum Mythos, Nebensätze behandelten Nebensachen. Zwar mag die funktionale Breite ausreichend belegen, dass Nebensätze absolut nichts Vernachlässigbares ausdrücken, wenn sie Subjekt, Objekt, Prädikativ, Adverbiale oder Attribut sind. Dennoch hat es die Vorstellung vom Nebensächlichen bis in die Terminologie-Debatte der Sprachdidaktik geschafft. So wird angeregt, besser von *Teilsätzen* als von Haupt- und Nebensatz zu sprechen (vgl. Granzow-Emden 2019: 114 ff.). Das ist vor dem Hintergrund nachvollziehbar, dass man die Bezeichnung nicht grammatisch, sondern semantisch interpretieren könnte. Hier wäre tatsächlich zu eruieren, ob sich Vorteile ergäben.

In diesem Band bleiben wir grundsätzlich beim Terminus *Nebensatz*, weil er sowohl in Lehrmitteln verbreitet ist als auch im amtlichen Regelwerk verwendet wird. Wir wollen damit nicht für eine generelle Beibehaltung plädieren.

4.4.3 Stilratgeber und Sprachkritik im Unterricht

Man sollte Mythen dieser Art didaktisch sehr ernst nehmen und auf ihre stets unvermeidlichen Auswirkungen genauestens prüfen. Kurzsichtige Stilempfehlungen und allerlei sprachkritische Meinungen haben seit jeher Einfluss auf den Deutschunterricht. Terminologische Verwirrung ist dabei noch der geringste Schaden. Bis hin zu negativen Einflüssen auf das Selbstbild der Lernenden (→ 4.3.2) und sozial-distinktiver Instrumentalisierung (→ 7.5) ist ihr destruktives Potenzial nicht zu unterschätzen. Die impulsive, emotionalisierende und sachlich vereinfachende Natur vieler Beiträge der Sprachkritik fördert zudem die Bildung echter Fehlkonzepte – auch bei der Zeichensetzung (→ 5.10).

Fragen Sie sich einmal selbst, wie oft Sie schon auf sprachliche Besonderheiten anderer oder auf Normverstöße emotional wertend reagiert haben. Das wäre nur menschlich. Erstes Merkmal der Professionalität ist aber immer die Distanz zum Gegenstand, was eine Wertung ausschließen muss. Was für jedes andere Fach gilt, gilt auch für den Deutschunterricht.

4.5 „Zusätze und Nachträge sind unüberschaubar"

Schlägt man in Grammatiken, Rechtschreiblehren oder dem amtlichen Regelwerk nach, was alles als Einschub, Herausstellung oder eben Zusatz/Nachtrag zu verstehen ist, verliert man leicht den Überblick. Man könnte meinen, das sei etwas für Profis, aber nichts für die Schule.

Der wahre Kern dieses Mythos liegt ganz sicher in der grammatischen Vielfalt der Erscheinungen begründet, die unter solchen Begriffen subsumiert werden. Dabei zeigen sich aber intuitiv erfassbare Gemeinsamkeiten, sodass ein Konzeptaufbau durch musterhafte Beispiele gut gelingt. Allerdings ist zu berücksichtigen, dass das Feld hinsichtlich der Zeichensetzung einige Freiheiten gestattet. Zu enge Anleitungen können zu fehlerhafter Eigenregelbildung führen, wenn man den Bereich in der Schule überfokussiert.

4.5.1 Das Konzept Zusatz/Nachtrag

Lassen sich Nebensätze sehr gut in einem formal und funktional definierten Gesamtkonzept fassen, gelingt das bei der zweiten Gruppe zeichensetzungsrelevanter Strukturen nicht ohne Weiteres. Die **Zusätze und Nachträge** bilden eine recht heterogene Zusammenstellung verschiedener grammatischer Erscheinungen. Wiederum analog zur amtlichen Darstellung fassen wir sie hier in der Paarformel *Zusatz/Nachtrag* (so auch u. a. in Gallmann/Sitta 1996; Heuer et al. 2021; Lotze et al. 2016). In der Fachliteratur ist für den Gegenstand auch der – in Details leicht abweichende – Begriff *Herausstellung* verbreitet.

Um das Dickicht der Zusätze und Nachträge speziell für schulische Belange zu lichten, bietet es sich an, vordergründig diejenigen zu betrachten, bei denen die Zeichensetzung obligatorisch ist. Sie lassen sich in zwei größeren Unterkonzepten zusammenfassen:

- **Einschübe** wie Parenthesen, Anreden und Ausrufe
- **Nachgestellte Erläuterungen** zur Präzisierung und Eingrenzung

Einschübe unterbrechen das normale syntaktische Gefüge eines Satzes, weshalb sie mit Mitteln der Zeichensetzung abgegrenzt werden. Zum Teil steht das Komma dann in Konkurrenz zu anderen Zeichen, nämlich dem *Gedankenstrich* und den *Klammern* (→ 6.2.1). Zusätze dieser Art finden sich erstens in Form von eingeschobenen Sätzen oder elliptischen Satzfragmenten, die nicht die funktionale Abhängigkeit eines Nebensatzes aufweisen. Man spricht dann von *Parenthesen*:

(1) *Mit Komma*
Die Körpertemperatur der Siebenschläfer kann, das ist eine beeindruckende Tatsache, im Winterschlaf auf fünf Grad Celsius sinken.

(2) *Mit Gedankenstrichen*
Die Körpertemperatur der Siebenschläfer kann – das ist eine beeindruckende Tatsache – im Winterschlaf auf fünf Grad Celsius sinken.

(3) *Mit Klammern*
Die Körpertemperatur der Siebenschläfer kann (das ist eine beeindruckende Tatsache) im Winterschlaf auf fünf Grad Celsius sinken.

Zweitens kann der Typus *Anreden und Ausrufe* ebenfalls zu den Satzäquivalenten gezählt werden, er tritt also syntaktisch unabhängig wie ein Hauptsatz auf. Zu beachten ist, dass solche Ausdrücke nicht nur als Einschübe vorkommen können, sondern auch als Teil einer Reihung (→ 4.6.1). Dann greifen folglich zwei verschiedene Zeichensetzungsregeln:

(4) *Als Einschub (Zusatz/Nachtrag)*
   a. Schau mal, Julius, nach Informationen über die Verbreitung der Tiere!
   b. Wie viele andere Arten gelten sie, oje, in manchen Gebieten schon als bedroht.

(5) *Als Teil einer Reihung (kein Zusatz/Nachtrag)*
   a. Julius, schau mal nach Informationen über die Verbreitung der Tiere!
   b. Schau mal nach Informationen über die Verbreitung der Tiere, Julius!
   c. Ach, wie viele andere Arten gelten sie in manchen Gebieten schon als bedroht.

Mit **nachgestellten Erläuterungen** kann Vorausgegangenes präzisiert oder eingegrenzt werden. Sie geben Informationen, die vom Allgemeinen zum Speziellen leiten, einen zusammenfassenden Ausdruck beispielhaft anschaulich machen oder mehr Genauigkeit liefern. Viele werden durch typische Wörter eingeleitet, zum Beispiel mit *und zwar, insbesondere, nämlich, genauer, das heißt, also, sprich* oder *vor allem.*

(6) Die Siebenschläfer gehören zu den Bilchen, **genauer** zur Gattung Glis.
(7) Sie ernähren sich sehr fettreich, **insbesondere** von Bucheckern und Nüssen.
(8) Gut versteckt, **nämlich** oft unter der Erde, überwintern sie sehr sicher.

Nachgestellte Erläuterungen kommen auch als *Gruppen mit Adjektiven oder Partizipien* vor, die sich attributiv auf Nomen beziehen. Es handelt sich dabei entweder um erweiterte Adjektive/Partizipien oder um einfache koordinierte. Diese Ausdrücke lassen sich oftmals als verkürzte Relativsätze auffassen, denen das wichtigste formale Merkmal der Nebensätze, das Finitum, fehlt. Andere stehen den zuvor gezeigten Erläuterungen näher und können um ein Einleitewort ergänzt werden (so in Beispiel 10a).

(9) *Erweitert*
  a. Über Heinzelmännchen, klein wie Kobolde, berichtet eine Kölner Sage.
     → … Heinzelmännchen, die klein wie Kobolde sind, …
  b. Die alte Sommerlinde, letztes Jahr vom Blitz getroffen, treibt wieder aus.
     → … Sommerlinde, die letztes Jahr vom Blitz getroffen wurde, …

(10) *Koordiniert*
  a. An Hausgeister, gute oder böse, glaubte man früher in vielen Regionen.
     → … Hausgeister, und zwar gute oder böse (Hausgeister), …
  b. Diese Nagetiere, kletternd und springend, sind äußerst flinke Akrobaten.
     → … Nagetiere, die klettern und springen, …

Als Zusätze im Sinne der nachgestellten Erläuterungen können auch die *lockeren Appositionen* verstanden werden. Sie haben die Form einer Nominalgruppe und beziehen sich selbst wiederum auf ein Nomen. Für gewöhnlich stehen sie im selben Kasus wie dieses Bezugsnomen. In der gesprochenen Sprache ist ihre stimmliche Abgrenzung ein geeignetes Kennzeichen. Obwohl lockere Appositionen in einigen Fällen am Ende des Satzes vom Bezugsnomen getrennt erscheinen können, werden sie als Attribute aufgefasst und von Prädikativen unterschieden. Auch die nachgestellten Bestandteile bei Orts-, Zeit- und Literaturangaben werden zu den lockeren Appositionen gezählt:

(11) *Beim Bezugsnomen*
  a. Wir verdanken Julius, einem unserer besten Schüler, diesen spannenden Beitrag.
  b. Die Gruppe hat sich am Montag, dem 12. April, zur Vorbereitung der Präsentation getroffen.
  c. Sie werden uns dann im Institutsgebäude, Fürstengraben 28, 1. Stock, finden.

(12) *Am Satzende*
  a. Diese Information hat Julius recherchiert, einer unserer besten Schüler.
  b. Sie werden uns dann im Institutsgebäude finden, Fürstengraben 28, 1. Stock.

4.5.2 Weitere Erscheinungen

Neben diesen zwei Hauptarten (Einschübe und nachgestellte Erläuterungen), die sich jeweils eindeutig als Zusätze oder Nachträge bestimmen lassen, gibt es weitere Erscheinungen, bei denen sich nicht direkt aus Formalem schließen lässt, was syntaktisch vorliegt. Bei solchen Strukturen kann es sich um gewöhnliche Satzglieder oder Gliedteile handeln – dann sind keine Satzzeichen zu setzen – oder auch um Zusätze/Nachträge. Hier entscheidet der intendierte Sinn und die Zeichensetzung gibt Auskunft darüber, wie so ein Ausdruck zu lesen ist. Da die Zeichensetzung bei solchen Fügungen folglich optional ist, wollen wir die möglichen Fälle hier nur in einer kurzen exemplarischen Liste anführen.

(13) *Präpositionalgruppen*
   a. Kobolde erscheinen(,) <u>aufgrund ihrer gestaltwandlerischen Fähigkeiten</u>(,) im Erzgebirge tagsüber gern als Katzen.
   b. Nachts sollen sie(,) <u>den Hausbesitzern zuliebe</u>(,) Geld beschaffen.

(14) *Adverbiale oder prädikative Gruppen mit Adjektiven oder Partizipien*
   a. Klabautermänner beschützen dagegen(,) <u>meist unerkannt</u>(,) Segelschiffe.
   b. Sie poltern(,) <u>oft schrecklich rüpelhaft</u>(,) durch die Laderäume der Schiffe.

(15) *Weglassbare Attribute mit* wie
   a. Hausgeister(,) <u>wie Wichtel und Kobolde</u>(,) sind für ihren Schabernack bekannt.
   b. Wichtel können nicht durch Aufmerksamkeiten(,) <u>wie beispielsweise das Anbieten von Nahrung</u>(,) angelockt werden.

Um nicht den inflationären Gebrauch überflüssiger Kommas anzuregen, ist für den Schulunterricht unbedingt gut abzuwägen, ob diese Bereiche als zeichensetzungsrelevant thematisiert werden sollten. Die Grundfrage muss vielmehr lauten, ob man hier statt Kommas auch die stärker abgrenzenden Klammern oder Gedankenstriche setzen würde. Nur dann kommt das Komma überhaupt infrage (→ 4.5.1 und 6.2.1).

Gerade die in (15) vorgestellten Fügungen mit *wie* sind recht anfällig für eine Eigenregelbildung, die sich am Signalwort orientiert. Das kann zu sinnstörenden Kommafehlern führen, vor allem wenn nicht weglassbare Attribute vorliegen. Wir kommen in 5.8 darauf zurück.

Aufgabe 4.4 Wo würden Sie ein Komma setzen? Begründen Sie.

a. *Die Heinzelmännchen klein und flink verschwinden vor Tagesanbruch.*
b. *Die Verwandtschaft mit den Zwergen kann anhand von typischen Attributen wie Zipfelmütze und Fleiß festgestellt werden.*
c. *„Heinzelmännlein" war früher auch eine Bezeichnung für die Alraune eine alte Gift- und Heilpflanze.*
d. *Der Wurzel sagte man wegen ihrer menschenähnlichen Form Zauberkräfte nach.*

4.6 „Reihungen sind Grundschulwissen"

Das Aufzählungskomma erwirbt man zumeist schon zuverlässig in der Primarstufe. Reihungen seien demzufolge ein Thema, das man nach der Grundschule ignorieren darf.

Der wahre Kern dieses Mythos: Stabile Konzepte zu Reihungsstrukturen entwickeln sich früh und die Zeichensetzung ist hier verhältnismäßig wenig anfällig für Fehler (vgl. Afflerbach 1997; Nottbusch/Jonischkait 2015). Das macht das Thema aber nicht ganz irrelevant, denn im Gesamtsystem der Satzzeichen tritt die Reihung zum Teil in Interaktion mit anderen Strukturen wie den Nebensätzen oder sie wird mit Verschachtelungen verwechselt. Hier ergeben sich zuweilen Übergeneralisierungen des Typs „kein Komma vor *und*" (→ 5.6), weshalb man sie grammatisch durchaus kennen sollte.

4.6.1 Das Konzept Reihung

Die Bezeichnung *Reihung* erscheint im amtlichen Regelwerk nicht. Hier wird in Unterpunkten das Konzept der *Aufzählung* genutzt, das begrifflich allerdings etwas zu eng ist. Allzu leicht versteht man darunter nur listenartige Fügungen. Reihungen decken dagegen jede Art von gleichrangiger Verbindung ab, also sog. Nebenordnungen. Hat man das erfasst, muss man etwa den sog. *Satzverbindungen* – gereihten Hauptsätzen – weniger Aufmerksamkeit widmen.

Von einzelnen Wörtern über Wortgruppen bis hin zu Sätzen kann jede Art syntaktischer Einheit gereiht vorkommen. Zwischen den gereihten Elementen steht ein Komma – aber nur dann, wenn keine nebenordnende **kopulative oder disjunktive Konjunktion** sie verbindet. Diese Konjunktionen sind:

- Kopulativ: *und, sowie, wie, weder … noch, sowohl … als (auch), sowohl … wie (auch)*
- Disjunktiv: *oder, beziehungsweise/bzw., entweder … oder, respektive*

Bei den sog. **adversativen Konjunktionen** – sie reihen Gegensätzliches – fällt das Komma hingegen nicht weg. Es wird also nur die Grundregel befolgt, ohne dass man eine Zusatzregel beachten müsste. Die wichtigsten dieser Konjunktionen sind:

- Adversativ: *aber, sondern, doch, jedoch*

In den folgenden Beispielen sind jeweils die Teile der Reihung unterstrichen, die Konjunktionen sind kursiv gesetzt:

(1) Zu den Bilchen gehören Siebenschläfer, Haselmaus, Gartenschläfer *und* Baumschläfer.
(2) Kobolde erscheinen, verschwinden, beschützen *bzw.* stören ganz nach Belieben.
(3) Lernst du mit, ohne *oder* trotz Lehrbuch?
(4) Julius kann alle großen Raubtiere, einige Singvogelarten, bestimmte Meeressäuger *sowie* etliche Insekten sicher bestimmen.
(5) Ob er hilft, ob er einen ärgert *und* wie man ihn vertreiben kann, hängt von der Art des Hausgeistes ab.
(6) Kobolde sind wohlwollende, *aber* freche Wesen.
(7) Keine Haselmaus, *sondern* einen Siebenschläfer haben wir gesehen.

Auch Einheiten mit unterschiedlichem syntaktischem Status können gereiht werden, wenn sie im Satz dieselbe grammatische Funktion übernehmen. Das folgende Beispiel zeigt die Koordination von zwei Präpositionalgruppen und einem Nebensatz, deren Funktion jeweils die des Adverbiales ist:

(8) Die beste Gelegenheit bietet sich bei trübem Wetter, in den frühen Morgenstunden *oder* wenn die Abenddämmerung einsetzt.

Letztere Erscheinung liegt auch dann zugrunde, wenn eine zuvor gegebene Information unmittelbar durch ein *Verweiswort wie ein Pronomen oder Adverb* zusammenfassend wiederholt wird. Diese Konfiguration ist zwar eher selten – sie hat stilistische oder informationsstrukturelle Gründe –, kann aber manchmal zu Zweifelsfällen führen, wenn man sie nicht als Reihung erkennt, sondern darin Zusätze sieht. Die Folge wäre ein zusätzliches, hier normwidriges schließendes Komma. Vgl. dazu die folgenden Beispiele:

(9) Diese putzigen Siebenschläfer, **sie** gehören zu den Bilchen.
(10) Nachts gegen zwölf Uhr, **dann** werden die Hausgeister aktiv.
(11) Die Tierchen in der Natur beim Klettern zu beobachten, **das** war ein schönes Erlebnis.
(12) Wie alle kleineren Nager, **so** hat auch die Haselmaus viele Feinde.

Hauptsätze können ebenso gereiht vorkommen. Nur hier ist es möglich, das *Reihungs*komma vor einer Konjunktion des Typs *und/oder* zu setzen. Diese Regel ist allerdings seit der Reform von 1996 optional, sodass daraus keine Fehler entstehen. Für den Unterricht wäre zu überlegen, ob und ggf. wie sie zu thematisieren wäre. In einigen Fällen mag sich das Komma anbieten, um den Lesefluss zu steuern:

(13) Julius recherchierte zum Siebenschläfer(,) *und* über Kobolde dachte nur Anna weiter nach.
(14) An den Äpfeln vermuteten wir Fraßspuren(,) *oder* faule Stellen wurden durch eine Krankheit verursacht.
(15) Hat er die Tiere jemals selbst gesehen, hat er nur über sie gelesen(,) *oder* gehört er einfach zu den Aufschneidern?

Insgesamt sind die Reihungen also recht überschaubar und sie lassen sich gut zu einem grammatischen Gesamtkonzept aufbauen, was die eigentliche Voraussetzung zur praktischen Beherrschung der Interpunktionsregeln ist. Angemerkt sei, dass es natürlich auch hier diejenigen Fälle gibt, die syntaktisch etwas schwieriger zu beurteilen sind. Wir hatten im vorangegangenen Abschnitt bereits festgestellt, dass *Anreden und Ausrufe* sowohl als Zusätze wie auch gereiht vorkommen können (→ 4.5.1). Ein Potenzial für Zeichensetzungsfehler ergibt sich daraus jedoch kaum.

Anders ist das im Falle von *mehreren pränominalen Adjektiven*. Hier können nicht nur Reihungen vorliegen, sondern auch *Verschachtelungen,* bei denen keine Kommas gesetzt werden dürfen. Wir behandeln dieses Thema in Kapitel 5.7.

4.7 „Grammatikunterricht ist altmodisch"

So hört man es in der ein oder anderen Variante mit der ein oder anderen Begründung. Abgesehen von einer nicht selten vorhandenen eigenen Abneigung gegenüber einem Thema, das man als langweilig, aber schwierig und in Bewertungskontexten wichtig erlebt hat, wird auch am konkreten Nutzen des Grammatikunterrichts gezweifelt. Die Orientierung am Formalen habe ausgedient, nur das Funktional-Kommunikative liefere die eigentlichen Spracheinsichten.

DER WAHRE KERN DIESES MYTHOS: Ein traditioneller Grammatikunterricht, der sich einst am formalen Lateinunterricht orientiert hat und so ausgestaltet wurde, als handle es sich bei Deutsch um eine Fremdsprache, ist nicht nur altmodisch, er ist abzulehnen. Deshalb darf aber nicht der Gegenstand Grammatik an sich über Bord geworfen oder die formale Seite sprachlicher Strukturen einfach ignoriert werden, denn sie ist genau das, woran Kinder im Spracherwerb ihre Genialität beweisen. Und sie ist der Schlüssel zur Zeichensetzung. In der Schule lernen Kinder nicht *die* Grammatik, sondern etwas *über* Grammatik. Fachterminologie hat nur die Aufgabe, die gemeinsame Verständigung zu unterstützen. Um das für die Zeichensetzung grundlegende Konzept *Satz* zu entdecken, stehen zwei sich gut ergänzende Modelle zur Verfügung: der **Verbenfächer** und das **Feldermodell.** Beide eröffnen Zugänge zu dem, was wir implizit längst können: Sätze bilden. Die Modelle sind so verständlich und fundamental, dass sie sich bereits in unteren Klassenstufen für Entdeckungsreisen eignen.

4.7.1 Der Verbenfächer: Sätze als Königreiche

Zwischen den Bestandteilen von Sätzen bestehen bestimmbare Beziehungen. Zentraler Ankerpunkt dieser Beziehungen ist das Verb. Vor allem in der Valenz- und Dependenzgrammatik (Tesnière 1980 [1965]) ist dieser Gedanke leitend. Hier knüpft der **Verbenfächer** an.

Wie in der Abbildung unten illustriert, wird das Verb in den optischen Mittelpunkt gesetzt, von dem aus Fragen gestellt werden. Die Antworten sind die vom Verb abhängigen Satzglieder.

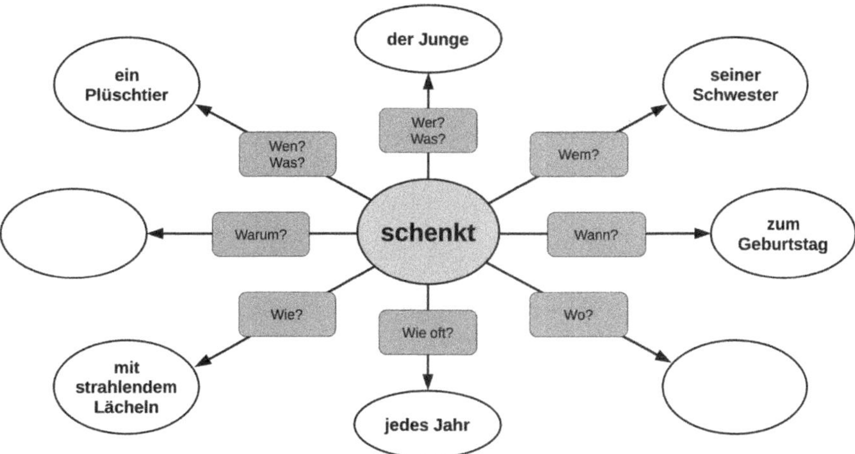

Betrachtet man einen Satz in seiner linearen Abfolge, ist die zentrale Rolle des Verbs nicht unmittelbar ersichtlich. In der modellhaften Visualisierung wird sie greifbar und Lernende können Sätze vom Verb ausgehend stetig erweitern. Sie greifen dazu auf ihre mentale Grammatik zurück und machen allerlei interessante Entdeckungen:

- Die Reihenfolge der Satzglieder lässt sich verändern, die Funktion bleibt dieselbe.
- Manche Satzglieder sind weglassbar, andere nicht.
- Nicht alle Fragen passen zu allen Verben.

Aufgabe 4.5 Suchen Sie Beispiele, die diese Entdeckungen illustrieren.

Die Praxis zeigt, dass es Kindern Freude macht, mithilfe der Fragen möglichst lange Sätze zu bilden. Das mag auf den ersten Blick nichts mit Zeichensetzung zu tun haben, doch zeigt es ganz offen zum Beispiel, dass Länge kein Kriterium für Punkt und Komma ist. Wenn anstelle einfacher Satzglieder mit Nebensätzen geantwortet wird, generiert das ganz nebenbei Erkenntnisse zur funktionalen Abhängigkeit von Nebensätzen (Beziehung „nach außen", → 4.4.1).

Auf den Erfahrungen aus dem Verbenfächer aufbauend können weitere Felder erschlossen werden. Hier bietet sich der Vorschlag von Lindauer/

Sutter (2005; vgl. auch Lindauer 2015) an, dessen Kern eine Metapher ist: **Sätze sind Königreiche**. In einem Königreich gibt es einen König (= Verb) mit seinen Untertanen (= Satzglieder). Diese Metapher kann bereits für den anfänglichen Umgang mit dem Verbenfächer eingesetzt werden. Für die Zeichensetzung kommt als weiteres Element hinzu, dass Königreiche an andere Königreiche angrenzen und manchmal Beziehungen unterhalten. Satzzeichen stehen für die Grenzen. „Beziehungslose" Außengrenze ist das Satzschlusszeichen. Das Komma hingegen zeigt ein „vertrautes" Verhältnis zwischen zwei Königreichen.

Lernende sollen die Grenzen der Königreiche aufspüren. Dabei kann die Kommasetzung in drei Teilschritten fast unangeleitet entdeckt werden: Suche die Könige (= Verben) und ermittle, welche Untertanen (= Satzglieder) zu ihren Reichen gehören. Markiere die Grenzen zwischen den Reichen:

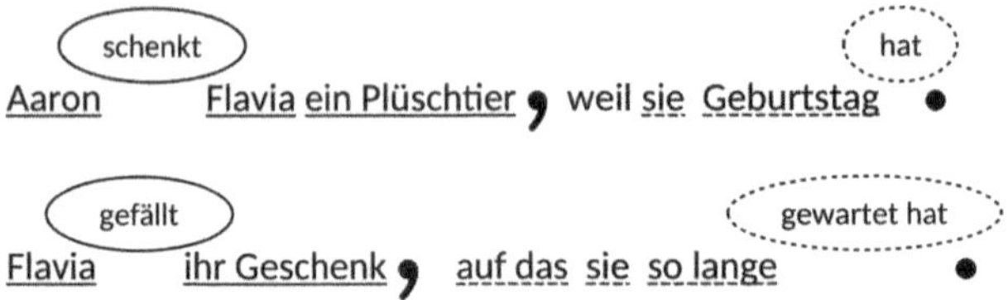

Zum Königreich von *schenkt* bzw. *gefällt* gehören die durchgezogen unterstrichenen Satzglieder, die in unterbrochener Unterstreichung gehören zum Königreich von *hat* bzw. *gewartet hat*. Dazwischen liegt die Grenze, also das Komma.

Bei eingeschobenem Nebensatz[11] wird das Königreich um den König *gewartet hat* von beiden Seiten eingegrenzt. Deshalb muss sowohl am Anfang als auch am Ende ein Komma stehen:

Das Verfahren zeigt, mit wie wenig Begrifflichkeit die Zeichensetzung auskommen kann: Wichtig ist einzig, dass Sätze Einheiten aus einem Verb und seinen Satzgliedern sind.[12] Die elementare Eigenschaft von Verben ist also nicht, dass etwas „getan wird" oder „geschieht". Verben sind vielmehr Kno-

11 Dasselbe gilt auch bei eingeschobenen Hauptsätzen: *Flavia, sie hat sich so auf ihren Geburtstag gefreut, gefällt das Geschenk.*

12 Zum davon teilweise abweichenden Konzept „ganzer Satz" siehe Kapitel 6.3.

tenpunkte, von denen die Zusammenhänge im Satz ausgehen. Auf dieser Grundlage entwickeln Lernende ein wirkliches Konzept von Sätzen, das insgeheim auf formalen Beziehungen gründet. Sie setzen Zeichen schließlich „nach Gefühl".

Zur Umsetzung können folgende Tipps gegeben werden:

- Für eine differenzierende Progression empfiehlt es sich, Übungen von unterschiedlicher Komplexität bereitzuhalten. Die einfachste Stufe sind Sätze mit vorangestellten oder nachgestellten Nebensätzen, die nächsthöhere solche mit eingeschobenen Nebensätzen. In der höchsten Stufe sind die Übungssätze gemischt.
- In der Abbildung wurde die Subjunktion nicht unterstrichen, denn Subjunktionen sind keine Satzglieder, sondern „Vermittler" zwischen Sätzen. Wer die Metapher weitertreiben möchte, kann sie als Fremdenführer bezeichnen, die hinter Grenzen stehen und die Beziehung zwischen den Königreichen erklären.
- Mit dem Verbenfächer können neben Satzgliedern auch Nebensätze erfragt werden: *Warum schenkt der Junge? – Weil er seine Schwester lieb hat.* Solche Antworten sind zusammen mit den Königreichen Reflexionsanlass: Was ist hier anders? Sichtbar wird die Rolle des Verbs für das Satzkonzept.
- Verbenfächer und Königreiche liefern zudem die Basis für weitere grammatische Themen wie Satzgliedbestimmung. Ein Erstzugang soll aber zwingend losgelöst von solchen Bereichen stattfinden, da sonst der Zugriff auf implizites Sprachwissen mit noch nicht zugänglichem deklarativem Wissen überlagert werden kann.

4.7.2 Das Feldermodell

Der Verbenfächer zeigt die zentrale Bedeutung des Verbs und die Abhängigkeiten der Satzglieder, sagt aber noch nichts zu deren Anordnung. An dieser Stelle setzt das **Feldermodell** (auch: topologisches Modell) an.

Die folgende Darstellung bespricht die Vorzüge des Modells für die Zeichensetzung. Eine vertiefte Auseinandersetzung erlauben die LinguS-Bände 5 und 13.

Vorfeld	Linke Satz-klammer	Mittelfeld	Rechte Satz-klammer
Jan	schenkt	Lea zum Geburtstag einen Teddy.	
Zum Geburtstag	hat	Jan seiner Schwester einen Teddy	geschenkt.
Wem	hat	Jan einen Teddy	geschenkt?
Wie lange	wird	der Teddy wohl	überleben?
	Pass	auf Lea	auf!
	Schenkst	du mir auch etwas?	
Lea	hat	vor lauter Vorfreude kaum	schlafen können.
	ob	Lea ihren Teddy	mögen wird?
welches Geschenk		ihr am besten	gefallen wird.

Die Position des Verbs strukturiert den Satz. Man spricht von der sog. **Satzklammer**. Die Satzglieder ordnen sich um die Klammer an und verteilen sich auf die **Felder**. Lernende erkennen daran unter anderem, dass alle Satzarten des Deutschen ein gemeinsames Grundmuster haben, und entdecken das für die Zeichensetzung Wichtigste:

- Alle Sätze haben ein oder mehrere Verben, die im Satz an zwei Positionen auftreten können.

- Im **Vorfeld** steht genau ein Satzglied oder keines.
- Weitere Satzglieder ordnen sich innerhalb der **Satzklammer** an.

Wenn gesagt wird, das Verb stehe im Aussagesatz an zweiter Stelle, wird im Feldermodell sichtbar, was damit gemeint ist: Es geht nicht um das Abzählen von Wörtern, sondern um syntaktische Positionen. Inbegriffen ist die Erkenntnis, dass „Untertanen" beliebig wachsen dürfen, solange sie keinen eigenen „König krönen":

(1) Dennoch *mögen* wir die kleinen Kobolde.
(2) Trotz ihres Nachtlärms und der durch ihr Nagen entstehenden teilweise erheblichen Sachschäden *mögen* wir die Siebenschläfer.

In der regelmäßigen Auseinandersetzung mit dem Feldermodell entwickeln Lernende ein Satzkonzept, das nicht durch ungeeignete Faktoren wie Länge oder Intonationsverläufe gestört wird. Allein schon daran, dass im Vorfeld nur genau ein Satzglied von beliebiger Komplexität stehen kann, lässt sich über falsch gesetzte Vorfeldkommas – ein verbreiteter Fehler – reflektieren (→ 4.3.2).

Im vorangehenden Abschnitt wurde darauf hingewiesen, dass die vom Verb aus gestellten Fragen mit Nebensätzen beantwortet werden können. Im Feldermodell lassen sich diese Nebensätze ebenso einordnen. Sie können im Prinzip an allen Positionen im übergeordneten Satz stehen, insbesondere im Vor- oder Nachfeld (→ 4.4.1).[13] Nebensätze im Mittelfeld sind oft parenthetisch, entsprechen also Zusätzen/Nachträgen, weshalb wir sie im Folgenden vernachlässigen.

Vorfeld	**Linke Satzklammer**	**Mittelfeld**	**Rechte Satzklammer**	**Nachfeld**
Weil seine Schwester Geburtstag hat,	schenkt	der Junge ihr ein Plüschtier.		
Der Junge	möchte	seiner Schwester ein Plüschtier	schenken,	weil sie Geburtstag hat.

13 Satzglieder können diese Position unter bestimmten Bedingungen ebenfalls einnehmen: *Lea kann nicht schlafen ohne ihren Teddy*. Zu den Funktionen vgl. Granzow-Emden (2019: 76 ff.).

Hier kann in höheren Klassen die Funktion der Nebensätze im übergeordneten Satz ergründet werden.

Es braucht Zeit, bis sich das an den Modellen entdeckte und erprobte Handlungswissen so in den mentalen Konzepten der Lernenden verankert hat, dass sich daraus ein Gespür für Sätze entwickelt. Ebenso wie der Verbenfächer ist das Feldermodell jedoch kein Kommasetzungsmodell: Beide sollen die Regeln der Zeichensetzung nicht explizit einbeziehen!

Aufgrund seiner Zugänglichkeit lassen sich früh erste Erfahrungen am Feldermodell machen, beispielsweise indem man den Kindern die Klammerstruktur zur Verfügung stellt (am besten mit einem Satz im Perfekt, denn beide Positionen sind dann besetzt) und sie – mit vorgegebenen oder selbst geschriebenen – Kärtchen die Lücken füllen lässt (siehe dazu die Vorschläge bei Schönenberg 2011 und im LinguS-Band 5). Für ausführliche und mit zahlreichen Beispielen illustrierte Darstellungen des Feldermodells empfiehlt sich Granzow-Emden (2019: Kap. 4), Wöllstein (2014) oder der schulbezogene Sammelband Wöllstein (2015).

Aufgabe 4.6 Stellen Sie folgende Sätze im Feldermodell dar:

a. *Als die Heinzelmännchen alles geputzt hatten, klingelte auch schon der Wecker.*
b. *Wie ein laut polternder Klabautermann kam mein Nachbar die Treppe hinauf.*
c. *Hat der Lärm der Siebenschläfer endlich aufgehört?*
d. *Im Gegensatz zu letzter Nacht sahen die furchterregenden Vampire bei Tageslicht wie ganz normale Fledermäuse aus.*
e. *Wirf den Knoblauch ja nicht weg!*
f. *Die mit der Segelschifffahrt eng verbundene Figur des lärmenden, polternden, Bretter werfenden Klabautermannes wurde auch in literarische Texte aufgenommen.*

5 Das Komma und die syntaktischen Grenzen

Satzzeichen haben die Grundfunktion, Grenzen bestimmter grammatischer Einheiten anzuzeigen. Sie sind *syntaktische Grenzsignale.* Doch nur zwei Zeichen gehen über diese Grundfunktion nicht hinaus. Das sind der *Punkt* und das *Komma.* Alle übrigen wie Frage- und Ausrufezeichen, Doppelpunkt, Semikolon, Gedankenstrich und Klammern bauen darauf auf und fügen eine kommunikative Komponente hinzu, die in Kapitel 6 behandelt wird. Sie setzen folglich die Kenntnis der Funktion von Punkt und Komma voraus.

Das Komma ist in der Schule das bei Weitem wichtigere Satzzeichen, weshalb bis auf den ersten alle anderen Mythen in diesem Kapitel etwas mit der Kommasetzung zu tun haben. Denn zum Komma gibt es viel zu sagen, vielleicht allzu viel. Dabei müsste das meiste aus einer linguistischen Sicht gar nicht gesagt werden, wenn es nicht im Alltag wie in der Schulpraxis eine große Zahl an etablierten Vorstellungen und tradierten Zugängen gäbe, die sich bei näherem Hinsehen als entweder sachlich nicht korrekt oder als nur vermeintlich lernendengerecht reduziert herausstellen. Der Bereich ist voller ungeeigneter Eigenregeln, zirkulärer Erklärungen, zu extremer Vereinfachungen und nicht zuletzt geprägt von einem Bild, das gar nicht stimmt. Denn die Kommaregeln sind viel einfacher, als ihr Ruf es nahelegt.

Den Mythen in diesem Kapitel kommt deshalb eine besondere Bedeutung zu. Erstens begegnen uns einige von ihnen in zahlreichen Lehrmitteln, zweitens erlauben sie es, typische Fehlerquellen zu verstehen, und drittens helfen sie dabei, methodisch sinnvoll zu entscheiden.

5.1 „Nach ganzen Sätzen steht ein Punkt"

So lernt man es früh und ist sich sicher: Nach jedem Satz sei ein Punkt zu setzen, wenn nicht ein Frage- oder Ausrufezeichen steht.

Der wahre Kern dieses Mythos liegt in der Funktion des Punkts und nicht im Gegenstand *Satz* begründet. Der Punkt zeigt an, wo sich die stärkste syntaktische Grenze befindet, aber nur dann, wenn sie sonst nicht schon gut genug zu erkennen wäre. Dass jeder Satz mit Punkt & Co. schließen müsse, ist also falsch.

Die Verwendung des Punkts als Satzschlusszeichen erschließt sich in der Schule früh, zuverlässig und recht umfassend (→ 6.4.2), sieht man einmal von bestimmten Gebrauchsweisen ab, bei denen man schlicht die Norm kennen muss. So steht er nach *Titeln* oder *Überschriften* nicht, selbst wenn ein Satz vorliegt:

(1) Susanna Karawanskij wird neue Thüringer Infrastrukturministerin
(thueringer-allgemeine.de; 26.08.2021)
(2) Die Wüste lebt
(Dokumentarfilm von 1953)

Der Punkt wird nicht verdoppelt, auch wenn er *zwei verschiedene Aufgaben* hätte. Somit wird er als Schlusszeichen nach *Abkürzungen* und *Ordinalzahlen* nicht noch einmal gesetzt:

(3) Wir treffen uns am 23.11.
(4) Die Familie der Bilche umfasst Siebenschläfer, Gartenschläfer usw.

Aufgabe 5.1 Auf welche orthografischen Prinzipien lassen sich die Erscheinungen der Beispielsätze (1–4) zurückführen?

Auch sonst gibt es Fälle, bei denen die syntaktische Grenze so offensichtlich ist, dass auf den Punkt verzichtet wird. Das ist insbesondere bei der *direkten Rede* zu beachten, wo vor schließenden Anführungszeichen kein Punkt gesetzt wird, wenn der übergeordnete Satz nicht zugleich endet. Dass hier Frage- und Ausrufezeichen nicht wegfallen, liegt daran, dass sie mehr leisten, als nur die syntaktische Grenze anzuzeigen (→ 6.1.2):

(5) „Wir steigen in denselben Fluss und doch nicht in denselben, wir sind es und wir sind es nicht", soll Heraklit gesagt haben.

Bei *gereihten Hauptsätzen* fehlt der Punkt ebenfalls, und zwar dort, wo er mit Komma oder Semikolon konkurriert (→ 4.6.1 und 6.2.2).

5.2 „Die Kommasetzung ist kompliziert"

Die Kommasetzung gilt gemeinhin als schwer zu beherrschender Teil der Zeichensetzung: Viele Regelbereiche müsse man kennen und sei vor unbekannten Ausnahmen, Sonder- oder Zweifelsfällen dennoch nicht gefeit. Das richtige Kommagefühl habe man vielleicht oft – und doch wisse man nicht alles.

Der wahre Kern dieses Mythos liegt keineswegs im System der Zeichensetzung selbst begründet. Vielmehr kann der grammatische Gegenstand, den die eigentlich einfache Zeichensetzung als Bedingung für das Komma vorsieht, mitunter der Grund dafür sein, dass die Anwendung nur schwer gelingt. So kommt es, dass das amtliche Regelwerk diesen Mythos auf den ersten Blick bestätigt: Dort wird den nur drei Bereichen der Kommasetzung mit etlichen *Regelformulierungen* viel Raum gegeben. Das mag das Thema kompliziert erscheinen lassen, zeigt aber streng genommen nur die Schwierigkeit einer alltagstauglichen *deklarativen* Erfassung.

5.2.1 Die drei Regelbereiche

Dass die Kommaregeln komplex und schwer durchdringbar seien, ist sowohl öffentliche Meinung als auch eine Position in der Linguistik (vgl. Primus 1996: 142). Zur Theorie der Kommasetzung gibt es leicht verschiedene linguistische Darstellungen (vgl. etwa Primus 1993, 2007; Bredel 2008; Lotze et al. 2016), die aber weitgehend darin übereinstimmen, dass das Komma nur in drei Gruppen von Fällen zu setzen ist. Wir arbeiten mit den folgenden Konzepten:

- Nebensätze
- Zusätze/Nachträge
- Reihungen

Die Aufgaben des Kommas liegen somit allein in der Kennzeichnung syntaktischer Strukturen. Diese wesentliche Einsicht muss der Grundpfeiler jeder Didaktik der Kommasetzung sein. Vor allem aus historischer, aber auch aus sprachvergleichender Perspektive wurde dieses rein syntaktische Fundament nicht immer als alleinige Grundlage angesehen. Doch spätestens Kirchhoff (2017) hat auch korpusbasiert nachweisen können, dass sich das Komma (bzw. seine Vorläuferin, die *Virgel*) schon in älteren deutschen Texten sowie für romanische Sprachen und das Englische ausschließlich grammatisch begründen lässt. Das Komma ist seit jeher ein **syntaktisches Grenzsignal**.

Doch wenn es nur drei kommarelevante Erscheinungen gibt, wie kommt es dann, dass die amtliche Regelung (vgl. AR 2018: 79–89) neun Hauptregeln mit einer ganzen Fülle von Unterregeln vorsieht? Das hängt zum einen mit der Zugänglichkeit für den Alltagsgebrauch zusammen. Hinter den drei Fallgruppen stehen zum Teil komplexere und zudem verschiedenartige sprachliche Strukturen. Schließlich ist die Voraussetzung zur erfolgreichen Anwendung, dass Schreibende überhaupt beurteilen können, ob ein *Nebensatz*, *Zusatz/Nachtrag* oder eine *Reihung* vorliegt (→ 4.4.1, 4.5.1 und 4.6.1). Hier geben die Regeln eine gewisse Orientierung, insbesondere durch musterhafte Beispiele.

Zum anderen – und das sollte nicht unerwähnt bleiben – gibt es durchaus ein paar kniffligere Zweifelsfälle, bei denen selbst Expert:innen die Einschätzung schwerfällt, welche Struktur genau vorliegt. Doch wohlgemerkt: Auch das ist nicht das Ergebnis einer komplizierten Zeichensetzung, sondern der vorauszusetzenden grammatischen Analyse. Solche Randphänomene sind für einen primären Zugang in der Schule unbedingt zu vernachlässigen.

5.2.2 Wenn das Kommagefühl stimmt

Man kann die amtliche Regelformulierung als ein Zugeständnis an die Tatsache auffassen, dass die nötigen Grammatikkenntnisse nicht allgemein vorauszusetzen sind. Doch was müsste man denn wirklich wissen, um die Kommasetzung zu beherrschen? Diese Frage ist vor dem Hintergrund impliziter Handlungsstrategien weder einfach noch umfassend zu beantworten. Dazu müssen zunächst Kompetenzen formuliert werden. Eine Annäherung wäre das Folgende (nach Lotze et al. 2016: 59 f.):

1. Kompetente Schreibende setzen Kommas an linken und rechten Grenzen von **Nebensätzen**, wenn diese Grenzen nicht *auf andere Weise deutlich* werden.
2. Kompetente Schreibende setzen Kommas an linken und rechten Grenzen von **Zusätzen oder Nachträgen**, wenn diese Grenzen nicht *auf andere Weise deutlich* werden.
3. Kompetente Schreibende setzen Kommas zwischen den Teilen von **Reihungen**, wenn die Verbindung nicht *auf andere Weise deutlich* wird.

Es mag überraschen, aber damit wäre auch die Regelung tatsächlich vollständig abgedeckt, sieht man einmal vom optionalen Komma bei mit Konjunktion verbundenen Hauptsatzreihungen ab (→ 4.6.1).

Aufgabe 5.2 Welche der drei Kompetenzen wird an der Kommasetzung in den folgenden Sätzen jeweils sichtbar? (Die Beispielsätze sind auch Grundlage für die Aufgaben 5.3 und 5.4.)

a. *Heinzelmännchen gehören zur Gruppe der Kobolde, Wichtel und Zwerge.*
b. *Sie erledigen unbemerkt, während alle schlafen, Arbeiten im Haus.*
c. *Von ihnen berichtet eine Kölner Sage, aber diese spielt im sächsischen Eilenburg.*
d. *An einem alten Kölner Brauhaus, dem „Früh", steht der Heinzelmännchenbrunnen.*
e. *In England und Schottland gibt es Verwandte der Heinzelmännchen, die sogenannten Brownies.*
f. *Sie tragen braune Mäntel mit Kapuze, um nicht erkannt zu werden.*
g. *Werden sie ausgenutzt oder bezahlt, verschwinden sie aus dem Haus.*
h. *Brownies leben versteckt auf Dachböden und in Hauswänden, also in ungenutzten Teilen der Gebäude.*

Praxistauglich erscheint diese Version aber nicht. Entsprechend soll sie nicht als „Regelvorlage" für den Unterricht übernommen werden. Für Lehrende ist sie vielmehr zunächst Einsicht auf der einen, Zielsetzung auf der anderen Seite. Die Lehr-Lern-Situation schafft die *Fundamente in den genannten Konzepten* und damit in der Vorstellung von dem, was eine *zeichensetzungsrelevante syntaktische Grenze* ist. Sie arbeitet ferner heraus, was jeweils mit „auf andere Weise deutlich" gemeint ist.

Man erkennt hier einmal mehr, dass explizites Regelwissen nicht die Basis für den Aufbau einer Interpunktionskompetenz sein kann, denn solche „Regeln" würden nur Profis etwas sagen – und die beherrschen sie ja längst.

5.2.3 Einfache und paarige Grenzsignale

Warum oben zweimal von linker *und* rechter Grenze die Rede ist, erschließt sich vielleicht nicht spontan. Hier hilft der Blick auf das Gesamtsystem der Satzzeichen, um zu verstehen, dass das Komma *systematisch* als ***entweder* einfaches *oder* paariges Grenzsignal** auftritt (vgl. Gallmann 1985; Gallmann/Sitta 1996), was nicht unbedingt mit der Anzahl wirklich gesetzter Kommas zu tun haben muss.

Als **einfaches Grenzsignal** kommt das Komma nur dann vor, wenn es die Bestandteile von *Reihungen* trennt. Allgemein markieren einfache Grenzsignale den Anfang *oder* das Ende bestimmter Texteinheiten. Zu dieser Gruppe von Zeichen gehören u. a. Satzzeichen wie *Punkt*, *Ausrufezeichen*, *Fragezeichen*, *Semikolon*, *einfacher Gedankenstrich* und – je nach Auffassung – *Wortzwischenraum* sowie Wortzeichen wie *Bindestrich* und *Apostroph*.

Als **paariges Grenzsignal** wird das Komma in den beiden anderen Fällen verwendet, also zur Ausgrenzung von *Nebensätzen* und *Zusätzen/Nachträgen*. Solche paarigen Grenzsignale zeigen den Anfang *und* das Ende bestimmter Texteinheiten an. Zu den Satzzeichen, die das leisten, gehören neben diesem Komma alle Arten von *Klammern*, *Anführungszeichen* und *paarige Gedankenstriche*.

Aufgabe 5.3 Bestimmen Sie bei den Sätzen aus Aufgabe 5.2, welche Kommas einfache und welche paarige sind.

Die Verallgemeinerung, dass es sich beim Nebensatz- und Zusatzkomma immer um die paarige Variante handelt, überrascht auf den ersten Blick, betrachtet man etwa die folgenden Beispiele:

(1) Seltsame Geräusche haben viele Menschen nachts schon gehört, knarrende Dielen oder heulenden Wind vielleicht.
(2) Nur noch wenige teilen den Aberglauben, dass Hausgeister real sind.
(3) Sobald man die wissenschaftliche Erklärung kennt, schläft man auch mit dem vermeintlichen Spuk deutlich ruhiger.
(4) Dennoch können uns diejenigen Naturgeräusche besonders erschrecken, die wir nicht kennen.

Hier steht jeweils nur ein Komma, obwohl eine nachgestellte Erläuterung (1) bzw. zwei Subjunktionalnebensätze (2 und 3) und ein Pronominalnebensatz (4) vorliegen. Woran liegt das?

5.2.4 … auf andere Weise deutlich …

Gerade Kommas werden in vielfältigen Szenarien weggelassen, ohne dass uns das im Schreibprozess bewusst wird. Das zeigt wiederum, dass wir über bestimmte Regularitäten gar keine expliziten Kenntnisse besitzen (müssen).

In den Beispielen zuvor standen die mit Komma auszugrenzenden Einheiten jeweils am Anfang oder am Ende des Gesamtsatzes. Dass es sich dennoch um das paarige Komma handelt, wird sichtbar, wenn man die Sätze umstellt:

(5) Seltsame Geräusche, knarrende Dielen oder heulenden Wind vielleicht, haben viele Menschen nachts schon gehört.
(6) Den Aberglauben, dass Hausgeister real sind, teilen nur noch wenige.
(7) Man schläft, sobald man die wissenschaftliche Erklärung kennt, auch mit dem vermeintlichen Spuk deutlich ruhiger.
(8) Dennoch können uns diejenigen Naturgeräusche, die wir nicht kennen, besonders erschrecken.

Man kann diese Beobachtung so interpretieren, dass Kommas, die die Grundregel verlangt, in bestimmten Fällen getilgt werden:

Wenn die **syntaktische Grenze**, die ein Komma anzeigen soll, bereits durch ein anderes Mittel eindeutig erkennbar ist, wird das Komma nicht gesetzt.

Daran wird klarer, was zuvor mit der Formulierung „auf andere Weise deutlich" gemeint war. Die Grammatik lässt es logischerweise nicht zu, dass ein Nebensatz oder ein Zusatz/Nachtrag über die Grenzen des Satzes hinausgeht, in den er eingebettet ist. Somit sind u. a. Satzanfänge und -schlusszeichen ausreichende Mittel zur Kennzeichnung der vorliegenden syntaktischen Struktur und wir setzen das Komma nicht zusätzlich:

(9) (Nicht:) Seltsame Geräusche haben viele Menschen nachts schon gehört, knarrende Dielen oder heulenden Wind vielleicht,.
(10) (Nicht:) Nur noch wenige teilen den Aberglauben, dass Hausgeister real sind,.
(11) (Nicht:) , Sobald man die wissenschaftliche Erklärung kennt, schläft man auch mit dem vermeintlichen Spuk deutlich ruhiger.
(12) (Nicht:) Dennoch können uns diejenigen Naturgeräusche besonders erschrecken, die wir nicht kennen,.

Dasselbe gilt, wenn an einer Stelle eigentlich zwei oder mehr Kommas stehen müssten. Dann wird immer nur eines gesetzt, denn auch Nebensätze (13) oder Zusätze/Nachträge (14), die in einen anderen Nebensatz eingebettet sind, müssen syntaktisch spätestens mit diesem enden. In den Beispielen hätte das getilgte Komma also jeweils die Aufgabe, das Ende der eingebetteten Einheit zweiten Grades anzuzeigen.

(13) Sehen wir ein Nagetier, das an ein Grauhörnchen erinnert, ist es vielleicht ein Siebenschläfer.
(Nicht:) Sehen wir ein Nagetier, das an ein Grauhörnchen erinnert,, ist es vielleicht ein Siebenschläfer.

(14) Wir denken, wenn wir von Hausgeistern sprechen, das heißt von Kobolden und Wichteln, gern an unsere Kindheit zurück.
(Nicht:) Wir denken, wenn wir von Hausgeistern sprechen, das heißt von Kobolden und Wichteln,, gern an unsere Kindheit zurück.

Weil uns die Regeln selten bewusst sind, mag diese Analyse zur Tilgung des Kommas Skepsis hervorrufen. Überzeugend ist der Vergleich mit anderen Satzzeichen, die über die bloße Grenzsignalfunktion hinausgehen (→ 6.2). Sie fallen wegen ihrer Zusatzleistung nicht weg. Gespiegelte Zeichen wie die Klammern (15) und die Anführungszeichen (16) bleiben an Gesamtgrenzen erhalten; einer der paarigen Gedankenstriche entfällt nur am Ende des Gesamtsatzes (17), sonst nicht (18):

(15) Wir denken, wenn wir von Hausgeistern sprechen (das heißt von Kobolden und Wichteln), gern an unsere Kindheit zurück.
(Nicht:) Wir denken, wenn wir von Hausgeistern sprechen (das heißt von Kobolden und Wichteln, gern an unsere Kindheit zurück.

(16) Die Bezeichnung „Klabautermann“ geht zurück auf das niederdeutsche Wort „klabastern“.
(Nicht:) Die Bezeichnung „Klabautermann“ geht zurück auf das niederdeutsche Wort „klabastern.

(17) Wir denken gern an unsere Kindheit zurück, wenn wir von Hausgeistern sprechen – das heißt von Kobolden und Wichteln.
(Nicht:) Wir denken gern an unsere Kindheit zurück, wenn wir von Hausgeistern sprechen – das heißt von Kobolden und Wichteln –.

(18) Wir denken, wenn wir von Hausgeistern sprechen – das heißt von Kobolden und Wichteln –, gern an unsere Kindheit zurück.
(Nicht:) Wir denken, wenn wir von Hausgeistern sprechen – das heißt von Kobolden und Wichteln, gern an unsere Kindheit zurück.

Indes kennen wir eine Kommatilgungsregel durchaus explizit, nämlich diejenige, die verlangt, das *Reihungskomma* (einfaches Grenzsignal) vor Konjunktionen des Typs *und/oder* nicht zu setzen. Im Gegensatz zu den anderen Tilgungsregeln, die sich aus der Vermeidung überflüssiger grafischer Kombinationen ergeben, wird die Tilgung durch lexikalische Elemente ausgelöst. Man kann aber auch hier die Grundtendenz erkennen, nach der wir es vermeiden, Strukturen doppelt zu markieren: Die Konjunktionen zeigen die Reihung deutlich genug an; einen grafischen Hinweis braucht es nicht zusätzlich.

Insgesamt ergeben sich daraus drei Tilgungsregeln, die man bei der korrekten Kommasetzung *teilweise unbewusst* befolgt (ähnlich in Lotze et al. 2016: 64 f.):

Tilgungsregeln

1. Das erste der paarigen Kommas fällt am Anfang des Gesamtsatzes weg.
2. Das zweite der paarigen Kommas fällt weg, wenn an derselben Stelle zugleich der übergeordnete Satz endet.
3. Das einfache Komma fällt weg, wenn die Reihung lexikalisch angezeigt wird.

Aufgabe 5.4 Suchen Sie in den Sätzen aus Aufgabe 5.2 nach Tilgungen und geben Sie an, welche Tilgungsregel jeweils befolgt wird.

5.2.5 Fazit

Die amtlichen Kommaregeln mögen kompliziert anmuten, doch die Kommasetzung selbst ist es nicht. Zugegeben, es bedurfte einiger Erläuterungen, diesen Mythos zu relativieren. Doch damit ist das Wichtigste zum Komma gesagt und das allermeiste davon muss Lernenden nie explizit gemacht werden. Die Tilgungsregeln werden intuitiv erschlossen und ein Thema wie die Paarigkeit dient nur Lehrenden, die Tilgung im impliziten System besser zu verstehen.

Dass die Tilgung größtenteils unbewussten Strategien folgt, belegt noch einmal sehr eindrücklich, dass wir alle bestimmte Regeln sicher erschlossen haben und sie anwenden können, auch wenn sie uns nie aktiv vermittelt wurden. Man kann es auch so formulieren: Dass ausgerechnet in diesem Bereich gar keine Fehler zu erwarten sind, liegt möglicherweise gerade daran, dass er eben nicht durch vermeintlich „kindgerechte" Vermittlungsstrategien verunklärt wird. Unbeabsichtigt überlässt man seine Entdeckung der Eigendynamik des Schrifterwerbs, was erstaunlich gut gelingt. Deklaratives Wissen darüber besitzen gewöhnlich nur Linguistinnen und Linguisten.

5.3 „Die Kommaregeln sind kompliziert"

Wenn es die Kommasetzung selbst nicht ist, dann seien es wohl die Regeln, die zur Verwirrung führen: Sie müssten doch auch kompliziert sein, wenn sie jeden Anwendungsfall erfassen wollen.

Der wahre Kern dieses Mythos ergibt sich wie in Abschnitt 5.2.1 besprochen aus einer Verlagerung des Gegenstands von der reinen Zeichensetzung in Grammatikthemen hinein. Ist jedoch ein stabiler Zugriff auf die grammatischen Konzepte vorhanden, lässt sich aus der Kompetenzbeschreibung in Abschnitt 5.2.2 ein sehr einfaches System aufbauen, das zudem praxistauglich ist. Die Kommaregeln müssen folglich genauso wenig kompliziert sein, wie es die Kommasetzung selbst ist. Hinter dem Mythos verbirgt sich noch eine weitere Wahrheit: Die Regeln können in bestimmten Fällen in einen Konflikt geraten, wenn eine das Komma verlangt, eine andere es jedoch ausschließt. Hier muss man lediglich wissen, welche Regel wichtiger ist.

5.3.1 Die gewichteten Kommaregeln

Um eine solche praxisgerechte Darstellung aufzubauen, muss zunächst festgehalten werden:

- **Nur drei Bereiche** sind überhaupt zu regeln.
- **Nur eine Tilgungsregel** muss explizit einbezogen werden.

Beachtet man zudem die Möglichkeit, bei gereihten Hauptsätzen vor einer Konjunktion ein Komma zu setzen, ergibt sich ein *System aus drei Regeln mit einer Unterregel und einer Unterunterregel.*

Die folgende Gesamtübersicht orientiert sich an der Darstellung in Heuer et al. (2021) und Lotze et al. (2016: 66). Sie zeigt abgeschlossen, auf welche

Kenntnisse der Unterricht zu den Kommasetzungsregeln abzielen muss. Das Verständnis der zugrunde liegenden grammatischen Konzepte vorausgesetzt, kann sie so in der Praxis genutzt werden. Wann das geschehen kann, behandelt Abschnitt 5.5.

Auch bei konsequentem Einsatz dieses Gesamtsystems kommen Lernende oft mit anderen Zugängen zur Kommasetzung in Berührung und haben ggf. nicht zutreffende Eigenregeln gebildet. Es kann dann hilfreich sein, das System um die explizite Anweisung zu ergänzen, dass kein Komma ohne Grund gesetzt werden darf. Sie wird als oberste „Regel 0" allem anderen vorangestellt.

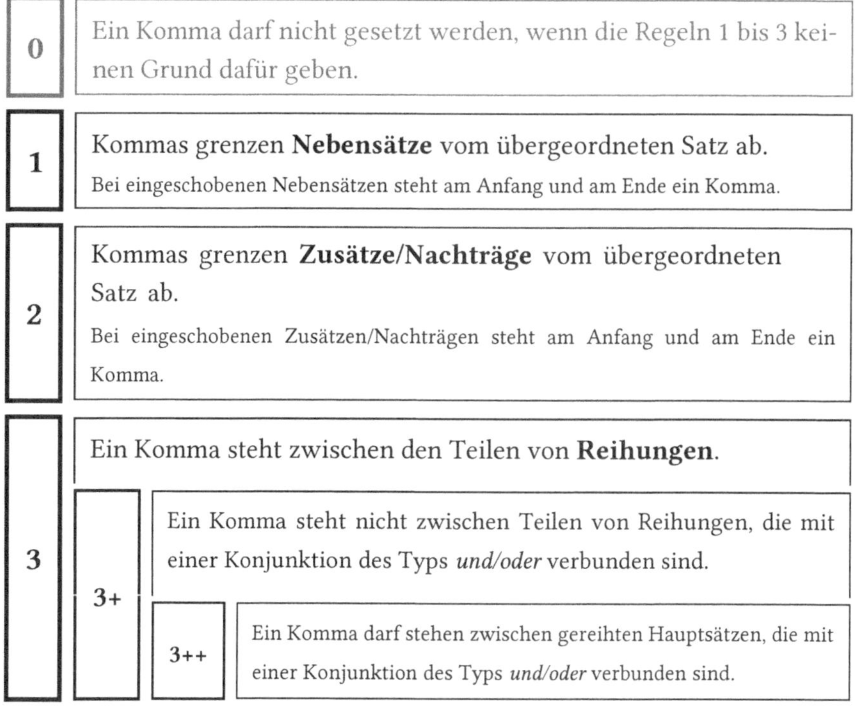

Die Regeln 1 und 2 sind *einfache Regeln*. Das heißt, sie geben konkrete Schreibanweisungen, die ohne weitere Wahlmöglichkeiten zur richtigen Entscheidung führen. 3 bildet dagegen einen *Regelkomplex*: 3+ ist als Unterregel ein Teil der Regel 3 und schränkt deren Reichweite ein. Bei der Unterunterregel 3++ handelt es sich um eine *optionale Regel*, die wiederum 3+

einschränkt, indem sie die Schreibung in einem bestimmten Fall freigibt. Da auf ihrer Grundlage keine orthografischen Fehler entstehen können, sollte 3++ nicht zum Mittelpunkt des Zeichensetzungsunterrichts werden. Vielmehr ist zu überlegen, wo und wann sie überhaupt einen geeigneten Platz findet (→ 4.6.1).

Die Hinweise unter den Regeln 1 und 2 dienen der Berücksichtigung der Paarigkeit dieser Kommas, ohne dass sie als generelle Eigenschaft offen thematisiert wird.

Aufgabe 5.5 Um die Gesamtübersicht als eine praktische Handreichung für die Schule auszugestalten, müssen die Regeln um musterhafte Beispielsätze ergänzt werden. Stellen Sie dazu Sätze zusammen und begründen Sie Ihre Auswahl im Sinne der Musterhaftigkeit: Was ist dafür zu berücksichtigen?

Die Übersicht soll nicht missverstanden werden als eine Reduktion auf „nur das Wichtigste"; sie erfasst tatsächlich alles, was es aus Sicht der Zeichensetzung über das Komma zu wissen gibt. Darüber Hinausgehendes in amtlicher Regelung und Schreibratgebern befasst sich mit einer Auslegung dieser Regeln bei *grammatischen* Zweifelsfällen. Sie sind selten ein Thema für die Schule – und wenn, dann gehören sie zur Grammatik, nicht zur Rechtschreibung.

5.3.2 Die Rolle der Gewichtung

Die Regeln stehen nicht nebeneinander, sondern sie sind *gewichtet*. Nur so kann entschieden werden, was zu tun ist, wenn in einem Anwendungsfall mehr als eine Regel zu beachten ist. Darauf sind Lernende hinzuweisen:

Je weiter oben die Regel steht, desto wichtiger ist es, sie zu befolgen, auch wenn eine weiter unten stehende Regel verletzt wird.

Aus den Strukturen von Sätzen kann ein offener und ein verdeckter Konflikt zwischen den Regeln entstehen. Der **offene Konflikt** ergibt sich aus Regel 3+, die das Reihungskomma vor Konjunktionen des Typs *und/oder* ausschließt. Endet an der Reihungsgrenze zugleich ein Nebensatz (Regel 1) oder ein Zusatz/Nachtrag (Regel 2), ist das Komma zu setzen, weil diese Regeln wichtiger sind:

(1) *Komma gemäß Regel 1, aber entgegen 3+*
Zu den Nagetieren gehören auch Schönhörnchen, die prächtige Farben tragen, und die heimischen Feldhamster.

(2) *Komma gemäß Regel 2, aber entgegen 3+*
Vertreter großer Nagetiere sind die Capybaras, also Wasserschweine, sowie die Biber.

Einen **verdeckten Konflikt** kann es zwischen den Regeln 1 und 2 geben. Er ist vor dem Hintergrund der Tilgungsregeln (→ 5.2.4) in der Frage zu sehen, welches der beiden Kommas getilgt wird, wenn sowohl ein Nebensatz als auch ein in diesen eingebetteter Zusatz/Nachtrag an derselben Stelle enden. Dass das Nebensatzkomma in diesem speziellen Fall „gewinnt", ist nur zu erkennen, wenn für den Zusatz/Nachtrag markiertere Zeichen (Klammern oder Gedankenstriche, → 4.5.1 und 6.2.1) genutzt werden. Es handelt sich also nicht um einen echten Komma-Konflikt:[14]

(3) Die Dämme der Biber, die aus natürlichen Materialien bestehen, also aus Ästen und Schlamm, können riesige Ausmaße erreichen.

(4) Die Dämme der Biber, die aus natürlichen Materialien bestehen – also aus Ästen und Schlamm –, können riesige Ausmaße erreichen.

(5) Die Dämme der Biber, die aus natürlichen Materialien bestehen (also aus Ästen und Schlamm), können riesige Ausmaße erreichen.

14 Wenn der Zusatz/Nachtrag selbst ein Nebensatz ist oder einen enthält, ist die Auswirkung die umgekehrte. Getilgt werden dann die Nebensatzkommas. Das liegt an der strukturellen Einbettung (Nebensatz im Zusatz kann nicht über diesen hinausgehen) und erzeugt keinen Widerspruch zur Regelgewichtung. Siehe Abschnitt 6.2.1 mit einer Erläuterung am Beispiel.

Aufgabe 5.6 Tragen Sie an den unterstrichenen Stellen jeweils die Nummer der Regel ein, die zur korrekten Kommasetzung anzuwenden ist.

a. *In einem Biberrevier befinden sich zwei__ drei__ oder vier Wohnbauten__ deren Eingänge unter Wasser liegen.*
b. *Wie die Capybaras__ gehören die Biber zu den großen Nagern.*
c. *Wildlebende Biber werden bis zu 12 Jahre alt__ in Gefangenschaft können die Tiere sogar 19 Jahre erreichen.*
d. *Biberfell ist extrem dicht__ und es schützt sehr gut vor Nässe.*
e. *Aufgrund ihres plumpen Körperbaus__ bewegen sich Biber an Land recht schwerfällig__ doch im Wasser zeigen sie__ was sie können.*
f. *Der Kanadische Biber__ vielleicht eine Unterart des Europäischen Bibers__ ist in Nordamerika noch weit verbreitet__ und wird dort gejagt__ wenn auch nicht in allen Gegenden.*
g. *Wer in Europa Bibern nachstellt__ riskiert empfindliche Strafen__ bis hin zur Haft.*
h. *Junge Biber sind eigentlich wasserscheu__ aber sie werden von ihrer Mutter ins Wasser geworfen__ und gewöhnen sich daran__ mehr Zeit im Wasser__ als an Land zu verbringen.*
i. *Biber fressen Blätter__ Zweige__ sowie Rinden__ von Bäumen__ die sie gefällt haben.*
j. *Um im Winter genug Nahrung zu haben__ horten sie im Herbst Vorräte.*

5.4 „Bei Infinitivgruppen können die Kommas weggelassen werden"

Dass Infinitivgruppen mit Kommas abgrenzbar sind, wissen die meisten – und sie wissen auch, dass das Komma teilweise fakultativ ist. Wenn man es immer wegließe, könne man nicht viel falsch machen.

Der wahre Kern dieses Mythos liegt in einer tatsächlich ungewöhnlich großen Freigabe. Das heißt aber nicht, dass das Komma bei Infinitivgruppen laut amtlicher Regelung gänzlich fakultativ wäre. Wo es zu setzen ist, entspricht die Infinitivgruppe eindeutig einem Nebensatz und es greift Regel 1 (→ 5.3.1). Leitet man Lernende an, auf die Kommas generell zu verzichten, erzeugt das nicht nur Normverstöße, es macht Texte weniger leserfreundlich.

Nach amtlichem Regelwerk obligatorisch ist die Kommasetzung in drei Fallgruppen (vgl. AR 2018: § 75).

- Der Infinitiv wird mit einem **Wort wie *ohne, um, außer, statt, anstatt, als*** eingeleitet:

(1) Biber legen im Herbst Vorräte an, *um* zu überwintern.
(2) *Ohne* von der Mutter ins Wasser geworfen zu werden, lernen die Jungtiere das Schwimmen nicht.

- Der Infinitiv hängt von einem **Nomen** ab:

(3) Der erste *Versuch*, an Land zu gelangen, wirkt ungeschickt.
(4) Wo sich die *Gelegenheit* findet, einen Baum zu fällen, zögern Biber nicht lange.

- Der Infinitiv hängt von einem **Korrelat** (Verweiswort) ab:

(5) Immer besser gelingt *es* den Kleinen, längere Strecken zu tauchen.
(6) Die Mutter bereitet die Jungtiere *darauf* vor, eigene Dämme zu bauen.

Davon darf nur bei den letzten beiden Fallgruppen abgewichen werden. Falls ein **„bloßer“ Infinitiv** vorliegt, ist das Komma optional, was sich allenfalls aus dem ästhetischen Prinzip begründen lässt:

(7) Der erste *Versuch*(,) zu klettern(,) wirkt ungeschickt.
(8) Immer besser gelingt *es* den Kleinen(,) zu tauchen.

Alle anderen Fälle sind amtlich generell freigegeben:

(9) Die Jungtiere lernen(,) sich immer agiler im Wasser zu bewegen.
(10) Große Bäume zu fällen(,) gelingt nur Bibern, Elefanten und Menschen.

Hinter der umfangreichen Freigabe verbirgt sich wiederum ein Problem der Grammatik, nicht der Zeichensetzung. Bei näherem Hinsehen stellt man fest, dass klar geregelt jeweils diejenigen Fälle sind, in denen die Infinitivgruppe **eindeutig satzwertig** ist. Das ist zum Teil ansonsten nicht ohne Weiteres ersichtlich, weil manche Verben es ermöglichen, den Infinitiv mit ihrem eigenen Valenzrahmen zu verschränken. Sie bilden dann sog. *Prädikatskomplexe* und die Satzglieder beider Verben stehen in einer gemeinsamen Felderstruktur. (Im Folgenden ist das Mittelfeld fett gesetzt; kursiv ist das übergeordnete Prädikat mit seinem Satzglied, unterstrichen sind die eigentlichen Infinitivbestandteile):

(11) Immer agiler *haben* **sich *die Jungtiere* im Wasser** zu bewegen *gelernt.*

Solche Verben erlauben es jedoch oftmals auch, dass der Infinitiv seine eigene Felderstruktur erzeugt und somit satzwertig ist. Kommas wären dann entsprechend der Nebensatzregel zu setzen. Mit Blick auf das Lehrer:innenwissen sind diese Strukturen einfach daran zu erkennen, dass die gesamte Infinitivgruppe im Vor- oder Nachfeld des übergeordneten Satzes steht bzw. stehen kann, denn dann kann es sich nicht um einen Prädikatskomplex mit Verschränkung handeln.

(12) Die Jungtiere haben schnell gelernt, sich immer agiler im Wasser zu bewegen.
(13) Sich immer agiler im Wasser zu bewegen, haben die Jungtiere schnell gelernt.

Auf weitere Details zur Grammatik des Phänomens müssen wir an dieser Stelle verzichten (vgl. weiterführend Duden 4 2016: 859 ff.). Folgendes wird aber bereits deutlich genug erkennbar:

- Die Freigabe der Kommasetzung ist der grammatischen Vielfalt geschuldet.
- Über die amtlich geregelten Fälle hinaus gibt es zahlreiche weitere Infinitivgruppen, die satzwertig (also Nebensätze) sind.

Was sind nun geeignete **Schlüsse für die Schulpraxis?** Dass die deklarativen Regeln keinen sinnvollen Handlungszugang bieten, wird bei den Infinitivgruppen besonders klar, stört im vorliegenden Gesamtansatz aber nicht. Eine Vermittlungsstrategie muss Räume schaffen, in denen Infinitivgruppen als mögliche *formale Ausprägung von Nebensätzen* erkennbar werden. Das kann nur dann gelingen, wenn sie ohne künstliche Trennung einfach unmittelbar bei den Nebensätzen vorkommen, und zwar zuerst im Grammatikunterricht und später bei Aufgaben zur Zeichensetzung. Lehrende sollten dabei vor allem beachten, dass es sich wirklich um satzwertige Beispiele handelt. Dabei helfen die amtlichen Fallgruppen oder z. B. die Nachfeldprobe (ggf. Perfekt des übergeordneten Verbs bilden). Dann sind die „Infinitive mit *zu*" kein eigener Themenbereich mehr. Es ist nicht davon auszugehen, dass Lernende deshalb störende Kommas zu viel setzen würden. Im Gegenteil wüsste man bei eindeutig verschränkten Infinitiven gar nicht, wo geeignete Stellen dafür wären. Probieren Sie es aus:

Aufgabe 5.7 Geben Sie jeweils an, ob 1. nach amtlicher Regelung ein Komma stehen muss bzw. müsste und ob 2. satzwertige Infinitive vorliegen, das Komma also sinnvoll ist bzw. wäre. (Die Sätze enthalten z. T. Kommafehler.)

a. *Biber bauen Dämme, um Flüsse aufzustauen.*
b. *Die Jungtiere scheinen Angst vor dem Wasser zu haben.*
c. *Anna versprach Julius ihm das Foto zu schicken.*
d. *Die Kinder bekamen die seltene Möglichkeit Capybaras zu streicheln.*
e. *Anna hatte die Kamera ganz ruhig zu halten versucht.*
f. *Annas größter Wunsch war, eine Nahaufnahme zu machen.*
g. *Im Alter von etwa einem Jahr beginnen die Biber zu schwimmen.*
h. *Die Kamera drohte ins Wasser zu fallen.*
i. *Am Anfang war es Julius' Aufgabe nach Biberspuren zu suchen.*
j. *Anna wollte, ohne das perfekte Foto gemacht zu haben, nicht gehen.*

5.5 „Die Kommaregeln müssen über die Jahre erarbeitet werden"

Die Kommaregeln setzen unterschiedlich komplexe grammatische Konzepte voraus. Daher könnten sie nur über die Jahre hinweg nach und nach behandelt werden.

DER WAHRE KERN DIESES MYTHOS: Die grammatischen Strukturen sind unterschiedlich anspruchsvoll und ihre Bewusstwerdung über deklarative Zugriffe braucht viel Zeit, denn sie setzt ein gewisses Abstraktionsvermögen und Reflexionsfähigkeit voraus. Das betrifft aber wie gesagt die Grammatik. Die eigentlichen (deklarativen) Regeln zur Zeichensetzung sollten in den grundlegenden Erwerbsprozess möglichst wenig oder besser gar nicht einbezogen werden. Einen geeigneten Platz haben sie erst in höheren Klassenstufen, und zwar nur als abgeschlossenes Gesamtsystem.

5.5.1 Ein Resümee

Wir haben bis hierher eine umfassende Argumentation aufgebaut, die kurz rekapituliert werden soll. Sie erlaubt es, klare Position zu beziehen zur Frage, wann und wie die Kommaregeln in der Schule behandelt werden sollen.

- Bestimmte Merkmale der Schrift sind ein **eigener Erwerbsgegenstand.** Zu ihnen gehört die Zeichensetzung (→ 2.1 und 2.3).
- Sprach- und Schriftspracherwerb laufen in vielen Bereichen **ohne unmittelbare Anleitung oder Unterweisung** ab. Im Gegenteil kann die Unterweisung mitunter den Erwerb erschweren (→ 3.2).
- **Handlungswissen** erwirbt man generell nicht, indem man deklaratives Wissen aufbaut. Im Gegenteil wird Deklaratives erst am Prozeduralen verständlich (→ 3.1).
- Der **Nutzen orthografischer Regeln** ist deshalb ein marginaler (→ 3.3).
- Die Zeichensetzung greift auf **implizites grammatisches Strukturwissen** zurück (→ 4.2). Punkt und Komma haben nur die Aufgabe, syntaktische Grenzen anzuzeigen (→ 2.4.2).
- Kinder beherrschen **alle relevanten grammatischen Strukturen** bei Schuleintritt („mentale Grammatik", → 4.2.1).
- Die Kommasetzung hat **nur drei Regelbereiche**, die in einer gewichteten Ordnung stehen (→ 5.2.1).
- **Tilgungsregeln** werden zuverlässig intuitiv erschlossen; nur eine wird explizit unterrichtet (→ 5.2.4).

Es ist davon auszugehen, dass die deklarativen Kommaregeln nur als Gesamtsystem zielführend und verständlich eingesetzt werden können. Die isolierte, über Jahrgangsstufen verteilte Vermittlung birgt verschiedene Risiken, u. a.:

- Das System der Kommasetzung wird als **unüberschaubar**, weil nie sichtbar abgeschlossen wahrgenommen.
- Durch eine aus dem Gesamtzusammenhang gelöste Anleitung wird eine **Eigenregelbildung** begünstigt, die zu Fehlern führt („Kein Komma vor *und*" und andere Signalwortstrategien, → 5.6, 5.8 und 5.9).

Eine solche Gesamtbetrachtung ist erst dann möglich, wenn die grammatischen Fundamente stabil erschlossen wurden. Das gelingt durch eine regelmäßige Beschäftigung mit kommarelevanten Strukturen im Rahmen eines *Grammatik*unterrichts (→ 4.4 bis 4.7). In Übungsaufgaben werden Lernende Kommas als Grenzsignale erkennen und sie in der Folge in eigenen Texten immer gezielter setzen. Eine offene Thematisierung muss deswegen nicht ausbleiben, aber sie erfolgt nicht in Form der üblichen Handlungsanleitung, sondern als Reflexionsauftrag. Daran werden die kognitiven Voraussetzungen gewissermaßen messbar und zugleich ausgebaut: Im Gespräch zeigt sich der Grad des Abstraktionsvermögens. So kann zwischen dem individuellen Handeln und bewussten Zugriffen auf die eigenen Fähigkeiten steuernd vermittelt werden.

Voraussetzungen in grammatischen Konzepten und Reflexionsvermögen sind vermutlich erst **gegen Ende der Sekundarstufe I** gegeben, sodass hier das Zusammenspiel der Kommaregeln mit ihrer Gewichtung in einem deklarativen Sinn transparent werden kann. Das ist der geeignete Zeitpunkt, die Zeichensetzung als solche in den Fokus zu rücken, um eine Überforderung durch Zerstückelung in zuvor unverständliche deklarative Einzelregeln zu vermeiden.

5.5.2 Typische Einwände

Lehrende und Studierende reagieren oft wenigstens verwundert, wenn nicht entsetzt auf die Empfehlung, die Kommaregeln anfangs lange Zeit nicht zu thematisieren. Die typischen Einwände zeigen zwei Grundtendenzen: eine *traditionalistisch-normative* und eine, die in der *intellektualistischen Legende* (→ 3.1) verhaftet bleibt.

Traditionalistisch-normative Bedenken äußern sich in Fragen wie:

- Verstoße man nicht gegen Vorgaben in Bildungsstandards und Lehrplänen?
- Bauten andere Lehrende (und Fächer) nicht darauf, dass Kinder früh die Kommasetzung korrekt beherrschen?
- Sei es nicht völlig weltfremd, althergebrachte Unterrichtstraditionen zu ignorieren?

In den Bildungsstandards geht es primär darum, die Regeln „zu beachten“, nicht sie aufsagen zu können. Gemeint ist damit, dass das Ergebnis des Schreibens der Norm folgt. Die Zeichensetzungskompetenz ist in diesem Zusammenhang zweifellos auch fächerübergreifend wichtig. Althergebrachtes zu überdenken, gehört zu jeder Lösungssuche in Optimierungsprozessen. Eine Entfremdung von tatsächlich ablaufenden Lernprozessen kann man eher im zu hohen Stellenwert des deklarativen Wissens sehen. Das führt wiederum zur **intellektualistischen Legende**. Ihr unterliegen Fragen wie:

- Ließe man die Kinder ohne Regeln nicht einfach allein?
- Bildeten sie nicht unzureichende oder falsche Eigenregeln?
- Müsse man nicht später viel mehr Zeit aufbringen, um die Eigenregeln mühsam zu widerlegen?

Die Verlagerung des Regelsystems in höhere Klassenstufen hat nicht zur Konsequenz, dass man den Aufbau der Zeichensetzungskompetenz einer ungesteuerten Entwicklung überlässt. Vielmehr schafft der Grammatikunterricht die prozedurale Grundlage, die sich später deklarativ verhandeln lässt. Anders ausgedrückt: Die Komma*regeln* zu verlagern, heißt nicht, die Komma*setzung* zu verlagern.

Zur Bildung unvollständiger oder ungeeigneter Eigenregeln kommt es unter allen Bedingungen in jedem Erwerbsprozess. Es ist eher zu vermuten, dass unverstandenes deklaratives Wissen den Effekt noch verstärkt. Vor diesem Hintergrund ist es nur logisch, abzuwarten, bis die kognitiven Voraussetzungen erfüllt sind, um regelorientiert zu reflektieren. Letztlich ist es unerheblich, woher Fehlvorstellungen stammen. Lehrende werden ihnen bei allen Vermittlungsansätzen begegnen. Die Aufgabe besteht darin, in Zusammenführungsschritten zu rekonstruieren und Erfahrungsräume zu schaffen, die eine Eigenwiderlegung ermöglichen (→ 4.3.2). Leitend für eine Strategieentwicklung kann das **Modell der didaktischen Rekonstruktion** sein (vgl. Kattmann et al. 1997), das seinen Ursprung in der Fachdidaktik der Naturwissenschaften hat, wo die Vermittlung zwischen „Alltagswissen“ und Fachwissen besondere Aufmerksamkeit erfährt.

5.6 „Vor *und* steht kein Komma“

Bereits in der Primarstufe lernen wir alle, dass bei Reihungen, die mit einer Konjunktion wie und/oder *verbunden sind, kein Komma stehen darf. Daraus folgt gern die Vereinfachung, vor solchen Wörtern könne nie ein Komma stehen, sodass eine generelle Ausschlussregel abgeleitet wird.*

Der wahre Kern dieses Mythos ist die Unterregel 3+ (→ 5.3.1). Doch die Reduktion im Mythos geht viel zu weit, denn es gibt verschiedene Kontexte, in denen sie zu (mitunter sinnstörenden) Fehlern führt. Entsprechend ist auf einer solchen Grundlage nicht einmal eine geeignete Faustregel ableitbar. Die Formulierung ist isoliert vom Regelkomplex 3 schlichtweg falsch.

Man muss an dieser Stelle nicht noch einmal aufzeigen, dass vor Konjunktionen des Typs *und/oder* regelmäßig Kommas stehen können. Das ergibt sich aus der Regelgewichtung (→ 5.3.2). An der folgenden Aufgabe kann das wiederholend nachvollzogen werden.

Aufgabe 5.8 Welche Kommaregel gibt den Ausschlag: 1 oder 2 für das Komma oder 3+ dagegen?

a. *Kobolde sind Hausgeister__ und zwar gute.*
b. *Kobolde beschützen die Häuser, in denen sie leben__ und necken die Bewohner.*
c. *Im Erzgebirge gibt es Kobolde, die am Tag als Katze erscheinen__ und nachts zu Drachen werden.*
d. *In der nordischen Mythologie wird zwischen Lichtalben, angeblich schöner als die Sonne__ und Schwarzalben unterschieden.*
e. *Alben sollen für unangenehme__ oder gar bedrohliche Träume verantwortlich sein.*

Wenn Lernende erforderliche Kommas vor *und* systematisch nicht setzen, kann das zwei Ursachen haben:

- Die **Gewichtung der Regeln** mit der impliziten Paarigkeit nach Regel 1 und 2 wurde nicht erkannt.
- Regel 3+ wurde nicht als **Unterregel im Regelkomplex 3** verstanden, sondern als hoch gewichtete Grundregel, die nicht nur das Reihungskomma betrifft.

Hier zeigt sich die Praxisrelevanz, die ein geschlossener Überblick über das Gesamtsystem der Kommaregeln hat. Doch in vielen Vermittlungsstrategien wird dieser nie gegeben und auch die grammatischen Fundamente werden nicht angemessen einbezogen. In der Not greift man auf vermeintliche Vereinfachungen zurück und orientiert die Zeichensetzung stark an bestimmten „Signalwörtern", die den Hintergrund der Regeln aussparen sollen. Wenn Lernende schließlich eine Anweisung wie Regel 3+, die sich an Einzelwörtern orientiert, für besonders hoch anzusetzende Schreibstrategien halten, kann das nicht verwundern.

Fazit: Der Unterricht muss darauf verzichten, aus einzelnen Wörtern Hinweise auf die Zeichensetzung ableiten zu wollen. Ein solcher Zugang ist immer unzureichend und wird oft zirkulär (→ 4.1.1 und 5.9).

5.7 „Zwischen mehreren attributiven Adjektiven setzt man ein Komma"

Wenn vor einem Nomen zwei oder mehrere Adjektive stehen, die nicht mit einer Konjunktion verbunden sind, seien diese durch Kommas untereinander abzugrenzen, denn es müsse sich um eine Reihung handeln. In einer Variante dieses Mythos wird angenommen, die Kommasetzung sei in diesen Fällen grundsätzlich freigestellt.

Der wahre Kern dieses Mythos ist darin zu sehen, dass Adjektive vor Nomen durchaus als *Reihung* vorkommen können. Allerdings ist das nicht immer so, denn es kann sich auch um verschachtelte Fügungen handeln – die Adjektive stehen dann in einer Hierarchie. Die Generalisierung, das Komma immer zu setzen, würde genauso mitunter zu sinnverändernden Fehlern führen wie die Annahme, es sei stets freigestellt. Die Entscheidung, das Komma zu setzen oder wegzulassen, muss auf dem Erkennen der Struktur gründen.

Bei aufeinanderfolgenden attributiven Adjektiven muss manchmal genauer geprüft werden, ob überhaupt eine Reihung vorliegt oder ob das letzte Adjektiv mit dem Nomen eine engere Einheit bildet, auf die sich das erste insgesamt bezieht. Zur Beurteilung kann man sich gut mit **zwei Proben** behelfen:

- Echte Reihungen lassen sich hier immer mit der **Konjunktion *und*** verbinden. Stört das den Sinn – und erzeugt vielleicht unfreiwillige Komik –, so liegt keine Reihung vor und das Komma ist ausgeschlossen.
- Die Bestandteile von Reihungen lassen sich **vertauschen**, mag es auch den Rhythmus ändern. Gelingt das dem Sinn nach nicht, muss es sich um eine Verschachtelung handeln.

Beide Proben werden an den folgenden Beispielen nachvollziehbar.

(1) *Gereiht, mit Komma*
Poltergeister sind <u>bösartige, furchteinflößende</u> Plagegeister.
→ bösartige *und* furchteinflößende Plagegeister
→ furchteinflößende, bösartige Plagegeister

(2) *Verschachtelt, ohne Komma*
Poltergeister sollen die Hausbewohner in schlimme psychische Notlagen bringen.
→ **nicht:** schlimme *und* psychische Notlagen
→ **nicht:** psychische, schlimme Notlagen

(3) *Beides möglich, Komma entscheidet über die Lesart*
Frühe(,) bildhafte Darstellungen amüsierten die Zeitgenossen.
→ Lesart mit Komma: Von allen Darstellungen sind die frühen und bildhaften gemeint.
→ Lesart ohne Komma: Von den bildhaften Darstellungen sind die frühen gemeint.

Aufgabe 5.9 Tragen Sie die Nummer der Kommaregel (→ 5.3.1) ein, die anzuwenden ist. Liegt eine Reihung (3) oder eine Verschachtelung (0) vor oder kommt beides infrage (0/3)?

a. *Biber tragen ein sehr dichtes__ vor Nässe schützendes Fell.*
b. *Ist das nur eine provokante__ rhetorische Frage?*
c. *Joggen ist eine beliebte__ sportliche Aktivität.*
d. *Biber haben an Land eine plumpe__ behäbig wirkende Erscheinung.*
e. *In Irland bewachen Kobolde wertvolle__ kleine Schätze.*
f. *Der Leipziger Auwald hat ungeachtet der vielfältigen__ menschlichen Eingriffe seinen natürlichen Charakter bewahrt.*
g. *„Leprechaun" heißt der trickreiche__ irische Kobold.*

Mit „freigestellt" ist in der Zeichensetzung nicht „egal" gemeint. An den Beispielen wird einmal mehr deutlich, dass nicht die Kommaregeln selbst Ursache für manchen Zweifelsfall oder Entscheidungsspielraum sind, sondern die grammatischen Strukturen. Die Regeln sagen nur, dass Reihungen durch Kommas zu trennen sind, nicht jedoch, wann eine Reihungsstruktur vorliegt.

5.8 „Vor *als* oder *wie* steht ein Komma"

Unter den „Signalwörtern" seien als *und* wie *geeignete Hinweisgeber auf eine Position für ein Komma.*

Der wahre Kern dieses Mythos: Die beiden Wörter *können* am Anfang von Nebensätzen und bei Zusätzen/Nachträgen stehen. Sie sind aber nicht darauf beschränkt, sodass längst nicht immer ein Komma zu setzen ist. Systematisch fehlerhaft zu viel gesetzte Kommas können zwei verschiedene Ursachen haben.

5.8.1 Zur Vielfalt der Gebrauchsweisen

Die Wörter *als* und *wie* treten in unterschiedlichen Fügungen auf. Die syntaktische Wortart dieser beiden nichtflektierbaren Lexeme variiert deshalb recht stark, wie man den folgenden Beispielen entnehmen kann. Nur zum Teil werden Nebensätze eingeleitet, die die Kommasetzung nach Regel 1 verlangen.

- *Interrogativadverb*

(1) **Wie** haben euch meine Fotos gefallen?
(2) Ich frage mich, **wie** man so schnell klettern kann.

- *Relativadverb*

(3) Kobolde erkennt man an der Art, **wie** sie Schabernack treiben.

- *Reihungsverbindende Konjunktion*

(4) Zu den Bilchen gehören Siebenschläfer **wie** auch Haselmäuse.
(5) Sowohl Capybaras **als** auch Biber sind große Nagetiere.

- *Vergleichskonjunktion*

(6) Das Tierchen huschte **wie** ein flinker Schatten durch die Bäume.
(7) Vertraute Wesen sind bald **wie** gute Freunde.
(8) Jede Naturforscher-AG braucht eine Fotografin **wie** Anna.
(9) Anna macht **als** Fotografin einen hervorragenden Job.
(10) Siebenschläfer sind etwas kleiner **als** Grauhörnchen.

▸ *Vergleichssubjunktion*

(11) Das Tierchen huschte durch die Bäume, **als** wäre es ein flinker Schatten.
(12) Biber wirken unter Wasser, **als** würden sie fliegen.
(13) Arbeitsweisen, **wie** filmisch zu dokumentieren oder Forschungstagebücher zu führen, nutzen die Kinder schnell.
(14) Julius tat nichts anderes, **als** am Ufer zu warten.

▸ *Temporale Subjunktion*

(15) **Wie** Anna das Bild machen wollte, tauchte der Biber plötzlich unter.
(16) Der Biber war schon untergetaucht, **als** Anna das Bild machen wollte.

Als Konjunktion kann *wie* zudem bei Attributen vorkommen. So gebildete Fügungen werden verwendet zur *exemplarischen Einschränkung* oder zur *exemplarischen Veranschaulichung* der Bedeutung des Nomens, dem sie folgen. Nur im zweiten Fall ist eine Lesart als Zusatz möglich und die Kommas können nach Regel 2 gesetzt werden:

▸ *Attribut zur exemplarischen Einschränkung*

(17) Tiere **wie** Biber und Fischotter haben ein sehr dichtes Fell.
(18) Schüler **wie** Julius schreiben nur Bestnoten.

▸ *Attribut zur exemplarischen Veranschaulichung / Lesart als Zusatz (dann mit paarigem Komma) möglich*

(19) Nagetiere(,) **wie** Biber, Meerschweinchen und Hamster(,) haben scharfe Zähne.
(20) Erlebnisse in der Natur(,) **wie** Wanderungen oder Tierbeobachtungen(,) können die Aufmerksamkeit verbessern.

Die beiden Arten können an ihrer Weglassbarkeit unterschieden werden. Handelt es sich um eine exemplarische Einschränkung, ginge der Sinn verloren (21 und 22), ansonsten nicht (23 und 24). Man kann das durch das Setzen der stark ausgrenzenden Klammern zusätzlich zeigen:

(21) (Nicht möglich:) Tiere (~~**wie** Biber und Fischotter~~) haben ein sehr dichtes Fell.
(22) (Nicht möglich:) Schüler (~~**wie** Julius~~) schreiben nur Bestnoten.

(23) (Möglich:) Nagetiere (~~**wie** Biber, Meerschweinchen und Hamster~~) haben scharfe Zähne.
(24) (Möglich:) Erlebnisse in der Natur (~~**wie** Wanderungen oder Tierbeobachtungen~~) können die Aufmerksamkeit verbessern.

Daneben können Konjunktionalgruppen mit *wie* auch in Form von Satzgliedern mitunter als Zusatz aufzufassen sein. Statt Kommas dürfen dann ebenso Gedankenstriche stehen:

(25) Das Tierchen huschte – **wie** ein flinker Schatten – durch die Bäume.
(26) Die Siebenschläfer zeigen sich – **wie** jedes Jahr – erst im Mai.

Es gibt vereinzelt Satzglieder, die als Zusatz verstanden werden können und mit *als* beginnen. Im folgenden Beispiel ist *als* jedoch nicht einmal der Kern, sondern es handelt sich um eine Adjektivgruppe, die die Konjunktionalgruppe [als Busch] einbettet:

(27) Julius versteckte sich(,) **als** Busch verkleidet(,) am Ufer.

An all diesen Beispielen wird zweierlei deutlich:

- Allein das Vorkommen der Wörter *als* und *wie* ist kein aussagekräftiger Hinweis für die Zeichensetzung.
- Einige Anwendungsfälle haben das Potenzial für sinnstörende zu viel gesetzte Kommas.

5.8.2 Fehlerursachen

Aus einer theoretischen Perspektive lassen sich zwei Ursachen für systematisch zu viel gesetzte Kommas bei Fügungen mit *wie* erkennen. Sie sind bei der Entwicklung von Interventionsstrategien zu trennen.

Am naheliegendsten erscheint auch hier die **Eigenregelbildung über eine Signalwortstrategie.** Sie wäre im Gesamtsystem der Kommaregeln unter Einbeziehung der Regel 0 erkennbar zu machen. Das setzt voraus, dass sich das Fehlerbild an verschiedenen der zuvor gezeigten syntaktischen Fügungen gleichermaßen zeigt.

Ist das nicht der Fall, werden vermutlich eher **verkürzte (elliptische) Nebensätze** kommatiert. Dann handelt es sich um einen systembedingt erwartbaren

Fehler, der zunächst nicht im Widerspruch zu den Grundsätzen der Interpunktion steht. Varianten wie die folgenden veranschaulichen das:

(28) Siebenschläfer sind etwas kleiner **als** Grauhörnchen.
→ Siebenschläfer sind etwas kleiner**, als** Grauhörnchen es sind.
(29) Mit seiner Tarnung sieht Julius aus **wie** ein echter Busch.
→ Mit seiner Tarnung sieht Julius aus**, wie** ein echter Busch aussieht.
(39) Anna fotografiert **wie** ein Profi.
→ Anna fotografiert**, wie** ein Profi fotografiert.

Dass die Kommas bei diesen verkürzten Fügungen nicht gesetzt werden, kann man als reine Konvention im Orthografiesystem interpretieren. Fehler wären daher erwartbar. Die Norm lässt sich an solchen kontrastierenden Beispielsätzen jedoch gut entdecken – und eine deklarative Regel braucht man wiederum nicht. Denn die Erkenntnisse stehen in Einklang mit dem, was zuvor am Verbenfächer (→ 4.7.1) verstanden wurde.

5.9 „Vor Subjunktionen steht ein Komma"

Die Beobachtung, dass manche Nebensätze mit einer Subjunktion beginnen, führe doch zu dem simplen Schluss, vor Subjunktionen stünde stets ein Komma. Das sei eine geeignete „Merkhilfe".

Der wahre Kern dieses Mythos: Subjunktionalnebensätze gibt es. Jedoch sind sie nicht aufgrund der Subjunktionen Nebensätze, sondern bestimmte nichtflektierbare Wörter werden als Subjunktionen gebraucht, wenn sie in der linken Klammer eines Nebensatzes stehen. Das ist nicht Wortklauberei; es zeigt einen Zirkelschluss, den man vermeiden sollte. Hinzu kommt, dass der beschriebene Effekt, hier stünde folglich immer ein Komma, nicht einmal richtig ist.

Der offensichtlich verbreitete Gedanke, Subjunktionen machten Sätze zu Nebensätzen, ist vermutlich auf eine Verwechslung mit den (reihungsverbindenden) Konjunktionen zurückzuführen. Letztere übernehmen als geschlossene lexikalische Klasse die Aufgabe, syntaktische Strukturgrenzen anzuzeigen, und stehen deshalb in Konkurrenz zur Zeichensetzung (→ 4.6.1). Die Auswirkung ist eine Tilgung des Reihungskommas (→ 5.2.4). Wäre die Aufgabe von Subjunktionen tatsächlich vergleichbar mit einer solchen Strukturkennzeichnung, wären sie Konkurrenten des linken Nebensatzkommas und wir würden dieses höchstwahrscheinlich ebenfalls tilgen. Denn strukturelle Doppelmarkierungen werden im Schriftsystem des Deutschen durch das ästhetische Prinzip verhindert.

Doch wie kommt es zu der Annahme, Subjunktionen wären sozusagen lexikalische Marker? Es gibt in der Tat Lexeme, die mehr oder weniger ausschließlich[15] als Subjunktionen verwendet werden. Sie erschöpfen sich beinahe vollständig in den Wörtern *dass* und *wenn* sowie in (weniger typisch wirkenden) Verbindungen mit *so-* (*sodass, sobald, solange, sooft, soweit, sofern* ...) und zwei Verbindungen mit *-dem* (*indem, nachdem*). So kann man zur Überlegung gelangen, sie seien im Sinne einer Wortklasse für griffige „Faustregeln“ zusammenfassbar und eigneten sich als Hinweise auf Nebensätze. Bei näherer Betrachtung wird man aber schnell feststellen, dass es darüber hinaus etliche Wörter gibt, die zwar ebenfalls den Gebrauch als Subjunktion kennen, jedoch nicht allein darauf festgelegt sind. Finden Sie es heraus:

Aufgabe 5.10 Recherchieren Sie in einer Gebrauchsgrammatik wie Duden 4 oder in einem Wörterbuch, welche der folgenden Wörter ausschließlich als Subjunktion verwendet werden: *weil, während, seit, seitdem, bis, ob, je, damit, um, wo, statt.*

Zu erkennen ist die Unmöglichkeit einer umfassenden Definition auf Basis der isolierten Lexeme. Der eigentliche Status eines Wortes als Subjunktion ergibt sich erst aus dem syntaktischen Gebrauch. Das heißt:

Steht ein Wort, das kein Verb ist, nach dem Feldermodell (→ 4.7.2) in der linken Satzklammer, wird es zur **Subjunktion**.

Angenommen, das Konzept Subjunktion liegt unter dieser Prämisse stabil vor, könnte man der Formulierung im Mythos vielleicht abgewinnen, dass sie eine Erinnerungshilfe für das Komma geben kann. Dabei ist jedoch zu beachten, dass die Aussage in ihrer Absolutheit ebenfalls falsch ist, denn (unmittelbar) vor Subjunktionen steht längst nicht immer ein Komma:

15 Letztlich lassen sich alle Lexeme nominalisiert gebrauchen, sei es zitatartig: *Sein ständiges kausales Nachdem wirkt ungewohnt. Der Text hat zu viele Wenns und Obs.*

(1) Wir bleiben bis zum Abend, nicht nur *damit* Anna weiter fotografieren kann und *da* Julius sowieso am Ufer eingeschlafen ist, sondern *weil* es großen Spaß macht.

Es ist daher einmal mehr generell davon abzuraten, einzelne Wörter oder Wortklassen im Sinne von „Signalen" für syntaktische Strukturen einzusetzen. Gebildet werden dadurch nur überflüssige Einzelregeln, die erstens oft fehlerhaft sind und die zweitens den eigentlichen Gegenstand intransparent werden lassen.

5.10 „Das Komma rettet Leben"

Das Komma kann manchmal helfen, strukturelle Mehrdeutigkeit aufzulösen, indem es die beabsichtigte Lesart anzeigt. Dann sei es doch eine gute Idee, Lernende auf diese spannende Beobachtung aufmerksam zu machen. So hätte man einen „kindgerecht" motivierenden Zugang zur sonst langweiligen Zeichensetzung.

Der wahre Kern dieses Mythos liegt im allgemeinen Potenzial linearer Wortfolgen, syntaktisch ambig zu sein. Die Disambiguierung ist das Auffinden der passenden Segmente, aus denen sich eine bestimmte Lesart ergibt. Da die Satzzeichen Grenzen einiger Segmente (Sätze und teilweise Satzglieder) signalisieren können, stehen sie *manchmal* innerhalb potenziell ambiger Abfolgen und legen die Lesart fest. Doch das ist ein sekundärer, sehr marginaler Effekt, der nicht Grund für die Zeichensetzung ist, sondern eine Auswirkung. Eine Fokussierung auf die Disambiguierungsleistung, die das Komma selten hat, führt Lernende auf die falsche Fährte. Vermittelt wird der Eindruck, das Komma diene primär dazu, Mehrdeutigkeiten in der Schrift zu verhindern, doch Enttäuschung dürfte sich rasch breit machen, sobald man bemerkt, dass das kaum die Aufgabe der Zeichensetzung ist.

Wenn es in Lehrmitteln, Sprachratgebern oder im Internet heißt, das Komma rette Leben, sind damit immer wieder dieselben überkonstruierten Beispiele gemeint:

(1) Komm, wir essen(,) Opa!
(2) Hängt ihn(,) nicht(,) warten!

Man darf sich schon fragen, ob Kinder genügend schwarzen Humor mitbringen, dass ihnen solcherlei Grausamkeiten[16] die Kommasetzung attraktiver machten. Angenommen, es gelingt: Was sollen die Beispiele eigentlich zeigen?

Die Abfolge von Wörtern erlaubt es uns mitunter, verschiedene syntaktische Beziehungen zu vermuten. In (1) ist die Frage, ob *Opa* Objekt des Verbs *essen* ist oder ob es sich um eine gereihte (oder nachgetragene) Anrede handelt. In (2) bliebe unklar, zu welcher Verbstruktur die Negationspartikel gehört. Eher zufällig fallen die Unterschiede genau mit Strukturen zusammen, aus denen sich Positionen für Grenzsignale ergeben. Das täuscht über die Tatsache hinweg, dass wir in Sätzen viel mehr Ambiguitäten auflösen, ohne dass uns Zeichen dabei helfen. Disambiguierungsprozesse beim Hören oder Lesen erfolgen fast immer aus dem Kontext oder aus dem sprachlichen oder Weltwissen heraus. Die folgenden Beispiele zeigen strukturelle Mehrdeutigkeiten, die sich aus dem Status der Präpositionalgruppe als Satzglied oder Gliedteil ergeben:

(3) Komm, wir essen Würstchen im Schlafrock.
(4) In diesem Lokal wird nur Bier vom Fass gereicht.
(5) Die Angeklagte hat den Mann mit der Krawatte erwürgt.
(6) Unsere Katze trinkt nur Wasser aus Glasflaschen.

Darüber hinaus gibt es etliche Ambiguitäten, die Folge der Polysemie von Lexemen sind, hier am Beispiel des Wortes *Brücke*. Ohne weiteren Kontext sagt der Satz dem Schiffskapitän etwas anderes als dem Wanderer oder der Zahnärztin:

(7) Die Brücke ist nicht stabil!

Um eine *Brücke* zurück zur Kommasetzung zu schlagen: Da Infinitivgruppen kein Subjekt bei sich haben, stehen Dativobjekte gern am Anfang uneingeleiteter Infinitive. Das erzeugt noch etwas regelmäßiger strukturelle Mehrdeutigkeiten, die auf Satzgrenzen basieren, denn manchmal ist nicht klar, ob der Dativ zum übergeordneten Verb gehört. Ausgerechnet hier ist die Kommasetzung aber amtlich fakultativ:

16 Die Sprachkritik beweist auch sprachübergreifend in solchen Zusammenhängen gern einen Sinn fürs Makabre, wie das titelgebende Beispiel eines populären englischsprachigen Sachbuchs zeigt (vgl. Truss 2003): *The panda eats shoots and leaves* ‚Der Panda isst Sprossen und Blätter' wird den Gästen eines Cafés zum Verhängnis, weil ein Panda ein fehlerhaft kommatiertes Buch gelesen hat: *The panda eats, shoots, and leaves* ‚Der Panda isst, schießt und verschwindet'.

(8) Anna rät Julius zu helfen.
(9) Maria versprach ihm zuzuhören.

Je nach Darlegung mögen all solche Beispiele für kompetente Schreiber:innen ganz humorvoll sein, aber die amüsante Wirkung entsteht erst infolge der Kompetenz. Sie kann damit in höheren Klassenstufen ein geeigneter Reflexionsanlass für Grammatikthemen sein, die auf die Zeichensetzung manchmal indirekt zurückweisen.

Viel wichtiger ist hier eine allgemeinere Verortung des Gegenstands: Auf störende Ambiguitäten zu achten, gehört in den Bereich der Textkompetenz, nicht zur Zeichensetzungskompetenz. Aus der Spracherwerbsperspektive befinden sich Lernende während ihrer Schulzeit erst in der Phase, in der sie nach und nach eine Hörer- oder Textweltenverortung jenseits ihrer internen Wissensstrukturen in den Aufbau von Sätzen einbeziehen. (Das schließt es an sich schon aus, das Komma so zu instrumentalisieren.) Sie sollten dabei lernen, Kontexte adäquat zu schaffen und Mehrdeutiges sinnvoll zu paraphrasieren, anstatt Sinnstörendes an der Zeichensetzung zu messen.

6 Nicht ohne Absicht: Interpunktionszeichen als kommunikative Signale

> Grundsätzlich gibt es im Bereich der Interpunktion auch stilistische Freiheiten. Es mag umstritten sein, wem diese stilistischen Freiheiten gewährt sind – der Dichtung wird sie gewährt, die Werbung nimmt sie sich. Schüler haben die Freiheiten in den meisten Fällen nicht.
> Fuhrhop (2015: 83)

Die Zeichensetzung erlaubt mehr Varianz, als es traditioneller Schulunterricht und flüchtiger Blick ins Regelwerk vermuten lassen. Wer Zeichensetzung als starres, durchreguliertes System begreift, verkennt das ihr eigene kommunikative Potenzial, das sich insbesondere in der *Entscheidung für ein bestimmtes Satzzeichen* zeigt. Die Wahl liegt oft im Ermessen des Schreibers oder der Schreiberin und lässt sich nicht in ein einfaches Richtig/Falsch-Schema pressen. Der Blick auf das Gesamtinventar der Zeichen mit ihren Beziehungen zueinander hilft, ihre kommunikativen Funktionen zu verstehen, sie als Entscheidungsspielraum wahrzunehmen und stilistisch zu nutzen.

6.1 „Die Regeln zur Wahl der Zeichen sind eindeutig"

Zur Zeichensetzung gibt es amtliche Regeln. Daraus wird schnell geschlossen, es gäbe bei der Wahl der Zeichen immer nur die eine korrekte und eindeutige Lösung, zumal Lehrmittel häufig auch nicht mehr als eine anbieten. Man müsse nur sämtliche Regeln richtig einbeziehen; dann sei die Entscheidung klar.

Der wahre Kern dieses Mythos ist nur in einem Aspekt der Interpunktion zu erkennen, nämlich in der Grundfunktion der Zeichen als syntaktische Grenzsignale. Worauf amtliche Regeln und schulische Umsetzung diesbezüglich abzielen, ist aber gar nicht so sehr die Frage, welches Zeichen richtig oder falsch wäre, sondern an welchen Positionen in Sätzen und Texten bestimmte *Zeichengruppen* überhaupt ihren Beitrag leisten. Punkt und vor allem Komma sind so etwas wie die Prototypen dafür. Weitet man den Blick nicht, begünstigt das eine stark normative Auffassung, denn Punkt und Komma bieten nicht viel Spielraum über die Kennzeichnung von Strukturgrenzen hinaus. Der Schluss, die Regeln der Zeichensetzung ließen demnach nur *eine* korrekte Lösung zu, ist zu rigide. Gerade die Wahl zwischen bestimmten Satzzeichen erlaubt in diversen Bereichen Freiheiten, die sich stilistisch nutzen lassen, ohne dass dabei gegen Normen verstoßen wird.

6.1.1 Das pragmatische Prinzip

Die Hauptfunktion der Satzzeichen als Grenzsignale zeigt die primäre Verortung der Interpunktionsregeln im grammatischen Prinzip (→ 2.2). Das bedeutet allerdings nicht, dass die Aufgaben aller Zeichen nicht über grammatische hinausgingen (→ 2.4). Satzzeichen haben vielfach auch eine **kommunikative Funktion**. Die Zeichensetzung folgt dann zusätzlich dem **pragmatischen Prinzip**, das verlangt, *wichtige Textstellen hervorzuheben*. Das ist im Sinne einer Lesehilfe zu verstehen: Zeichen mit kommunikativer Zusatzfunktion zeigen an, wie eine Textstelle zu interpretieren ist. Welche Textstellen so markiert werden sollen, liegt häufig im Ermessen des Verfassers bzw. der Verfasserin.

Kommunikative Interpunktionszeichen (→ 2.4.2) haben die Aufgabe, Lesende pragmatische Dimensionen erkennen zu lassen. Kommunikative Aspekte, die man in der gesprochenen Sprache über prosodische Merkmale sowie diverse non- und paraverbale Signale mitteilt, müssen in der Schrift anders sichtbar werden: Ist die Aussage als wichtig zu verstehen oder eher als nebensächlich? Welche Intention verbirgt sich hinter der Äußerung? Wird sie mit Nachdruck versehen oder bleibt sie neutral? Wie höflich soll sie dabei noch wirken? Handelt es sich um eine Frage, obwohl die formale Satzart das nicht anzeigt?

6.1.2 Markierte und unmarkierte Satzzeichen

Satzzeichen, die ausschließlich als Grenzsignale fungieren, können als „neutral" oder **unmarkiert** bezeichnet werden. Sie sind der „Normalfall". **Markierte** Satzzeichen kennzeichnen eine Textstelle als davon abweichend. Sie gehen also über die reine Gliederungsfunktion hinaus. Die folgenden Beispiele illustrieren dies:

(1) Das ist eine sehr gute Nachricht!
(2) Die Körpertemperatur der Siebenschläfer kann (das ist eine beeindruckende Tatsache) im Winterschlaf auf fünf Grad Celsius sinken.
(3) Die Aufführung findet – falls das Wetter mitspielt – im Freien statt.
(4) Die junge Frau sagt, sie habe die Handtasche „gefunden".

In (1) signalisiert das Ausrufezeichen die Nachdrücklichkeit der Äußerung. Wir stellen sie uns als freudigen Ausruf vor. Würde stattdessen der unmarkierte Punkt gewählt, veränderte sie sich in eine nüchterne Aussage. In (2) handelt es sich um eine Parenthese, die im unmarkierten Fall mit Kommas abgegrenzt wird. Die Klammern markieren den Ausdruck nicht nur als Zusatz, sondern grenzen ihn im Sinne eines stark vernachlässigbaren Kommentars deutlicher aus. Auch bei eingeschobenen Nebensätzen wie in (3) wäre das unmarkierte Grenzsignal das Komma. Mit den gewählten Gedankenstrichen wird dagegen eine Lesart als Zusatz erzwungen. In (4) stünde der unmarkierte Fall ohne Anführungszeichen. Wer sie dennoch setzt, kennzeichnet „gefunden" als Zitat, hier möglicherweise mit der Zusatzbedeutung, dass die Wortwahl als unpassend angesehen wird: Die Handtasche wurde wohl eher gestohlen.

Im Gegensatz zu unmarkiertem Punkt und Komma sind kommunikative Zeichen durch ihre Sonderfunktion nicht von den typischen Tilgungsregeln betroffen. Denn getilgt wird nur dann, wenn die syntaktische Grenzmarkierung allein mehrfach erfolgen würde. Daraus erklären sich u. a. diese Effekte:

- Nach einem *Auslassungszeichen* wird der Punkt getilgt, Frage- und Ausrufezeichen aber nicht:

(5) Halt die …!
(6) Was zum …?
(7) Er redet und redet und …

- Mit *Klammern oder Gedankenstrichen* ausgegrenzte Zusätze bleiben mit Frage- und Ausrufezeichen zusätzlich markiert, der Punkt hingegen wird getilgt:

(8) Der Klabautermann – ein überaus vorlauter Geselle! – wohnt im Laderaum des Segelschiffs.
(9) Siebenschläfer (wer beneidet sie nicht?) verbringen über die Hälfte des Jahres im Winterschlaf.
(10) Siebenschläfer (sie gehören zur Familie der Bilche) werden bis zu neun Jahre alt.

Aufgabe 6.1 Suchen Sie nach weiteren Beispielen für Tilgungsregeln, die markierte Satzzeichen nicht betreffen.

6.2 „Die Schule soll nicht alle Zeichen thematisieren"

Der Deutschunterricht müsse ein Grundverständnis zur Zeichensetzung aufbauen, das nicht deutlich über Satzschlusszeichen und Kommas hinausgeht.

DER WAHRE KERN DIESES MYTHOS: Die Schule hat nicht die Aufgabe, in professioneller Typografie auszubilden. Bestimmte Feinheiten der Zeichensetzung (Zwischenraumgrößen, Strichlängen etc.) bleiben Aufgabe von Fachleuten (siehe aber auch 7.3). Doch auch hinsichtlich des Grundinventars der Interpunktionszeichen muss die Schule eine Auswahl treffen, was wie und wann aktiv vermittelt werden kann. Das sind zuvorderst einerseits die für Zugänge wichtigsten, andererseits die in Texten häufigsten Satzzeichen, nämlich Schlusszeichen und Komma. Im Zusammenhang mit der direkten Rede werden außerdem Anführungszeichen und Doppelpunkt behandelt. Klammern, Gedankenstrich und Semikolon bleiben dagegen normalerweise weniger beachtet. Das scheint verständlich, denn schließlich kann man auch ohne diese Zeichen Texte verfassen. Im Ergebnis fehlt aber ein Gesamtüberblick über die Satz- und Wortzeichen, was die Verhältnisse, in denen sie zueinander stehen, nur schwer erschließbar macht. Denn erst ein halbwegs vollständiges Inventar eröffnet das breite Spektrum an Varianten zur kommunikativen Nuancierung – und erlaubt dadurch zudem Rückschlüsse auf die Kommasetzung.

6.2.1 Konkurrenz der paarigen Satzzeichen

In das Konzept der Markiertheit hat der vorige Abschnitt bereits eingeführt: Für die im Normalfall von der neutralen Variante besetzte Position können zur besonderen Hervorhebung auch markierte Satzzeichen gewählt werden. Sie stehen sozusagen in **Konkurrenz** zueinander.

Dem Phänomen sind wir im Kontext der Kommasetzung bei Zusätzen und Nachträgen in 4.5.1 bereits kurz begegnet. Klammern und Gedankenstriche sind paarige Satzzeichen und als solche teilen sie zentrale Eigenschaften mit dem paarigen Komma. Das macht sie zu geeigneten Kandidaten für die Besetzung der gewöhnlich vom Komma eingenommenen Position. Sie sind Konkurrenten des Kommas und machen ihm seine Stelle „streitig":

(1) Die Körpertemperatur der Siebenschläfer kann, das ist eine beeindruckende Tatsache, im Winterschlaf auf fünf Grad Celsius sinken.

(2) Die Körpertemperatur der Siebenschläfer kann – das ist eine beeindruckende Tatsache – im Winterschlaf auf fünf Grad Celsius sinken.
(3) Die Körpertemperatur der Siebenschläfer kann (das ist eine beeindruckende Tatsache) im Winterschlaf auf fünf Grad Celsius sinken.

Aufgabe 6.2 Warum ist das Komma nach der Klammer bzw. dem Gedankenstrich in den beiden Beispielen unten kein Widerspruch zur Konkurrenz der Zeichen? Tipp: Beachten Sie die Tilgungsregeln aus Abschnitt 5.2.4.

a. *Geholfen haben ihr sicher gute Geister (vielleicht Heinzelmännchen), weil keiner sonst so viel geschafft hat.*
b. *Calvin sucht Hobbes – seinen Plüschtiger –, der sich im Wald versteckt hat.*

Einzelne Satzglieder oder Gliedteile können ebenfalls als Zusätze/Nachträge auftreten (→ 4.5.2). Auch hier kann an die Stelle des Kommas – je nach intendiertem Sinn – einer seiner Konkurrenten Gedankenstrich oder Klammer treten:

(4) Der Siebenschläfer verursacht, wie jede Nacht, einen unglaublichen Lärm.
(5) Der Siebenschläfer verursacht – wie jede Nacht – einen unglaublichen Lärm.
(6) Der Siebenschläfer verursacht (wie jede Nacht) einen unglaublichen Lärm.

Aufgabe 6.3 Wie würden Sie damit umgehen, wenn Lernende wie in den folgenden Beispielen Satzglieder oder Gliedteile, die keine Nebensätze sind, regelmäßig mit Kommas ausgrenzen?

a. *Ich mag Diktate, als Leistungskontrollen, nicht.*
b. *Das Bild zeigt eine bäuerliche Szene des Mittelalters, mit den damals üblichen Werkzeugen. Räderpflug und Dreschflegel sind vorn zu sehen.*
c. *Niemand hat so viele Tore geschossen, wie ich.*

Varianten bei Nebensatzstrukturen sind vergleichbar. Wie manche Satzglieder und Gliedteile ohne Prädikat können Nebensätze genauso als Zusatz/Nachtrag auftreten. Der Unterschied liegt vor allem in der Konkurrenz der unmarkierten Zeichen. Während das Zusatzkomma oben nur mit den Zwischenräumen konkurriert, was keine Tilgung bewirkt, konkurriert es im folgenden Beispiel mit dem Nebensatzkomma, das hier getilgt wird.

(7) Der Siebenschläfer,, der zur Familie der Bilche zählt,, ist bekannt für seinen langen Winterschlaf.

Die äußeren beiden Kommas sind die des Zusatzes. Sie bleiben erhalten, aber die inneren fallen weg, denn die Struktur des Nebensatzes kann nicht über die Grenzen des Zusatzes hinausgehen. In der Folge erlaubt es die Zeichensetzung auf diese Weise nicht, zu erkennen, welche grammatische Erscheinung gemeint ist. Schließlich kommen nur die markierten Konkurrenten Gedankenstrich und Klammern infrage, um hinreichend zu kennzeichnen, dass ein Zusatz/Nachtrag gelesen werden soll:

(8) Der Siebenschläfer – der zur Familie der Bilche zählt – ist bekannt für seinen langen Winterschlaf.
(9) Der Siebenschläfer (der zur Familie der Bilche zählt) ist bekannt für seinen langen Winterschlaf.

Für die Wahl der Zeichen ist im Hintergrund deshalb ein zweischrittiger Ablauf anzunehmen: 1. Das Zusatzkomma veranlasst die Tilgung des Nebensatzkommas. 2. Gedankenstriche oder Klammern ersetzen aus Sichtbarkeitsgründen die Zusatzkommas.

Solche Entscheidungen treffen Schreibende ohne deklaratives Wissen über die Zusammenhänge. Die Praxis zeigt, dass dieses auch nicht nötig ist, und in der Schule ist eine offene Thematisierung von Regeln vermutlich eher hinderlich. Dennoch lässt sich das System nicht erschließen, wenn keine Gelegenheit zum Erkennen des Zusammenspiels konkurrierender Zeichen gegeben wird. Gedankenstriche und Klammern sind für das Gesamtinventar daher nicht einfach Randerscheinungen der Orthografie.

6.2.2 Konkurrenz der einfachen Satzzeichen

Das **Semikolon** ist ebenfalls ein Konkurrent des unmarkierten Kommas, jedoch nicht des (paarigen) Satzgrenzenkommas, sondern des (einfachen) *Reihungskommas*. Es signalisiert dann eine stärkere Grenze. In der Schule sind seine Funktionen schnell erschlossen:

- **Abgestufte Gliederung von komplexen Reihungen**: Engere Sinneinheiten werden nach innen mit Komma oder Konjunktion abgegrenzt, nach außen eignet sich das Semikolon als Strukturierungshilfe:

(10) Typisch für Poltergeister sind Klopf-, Scharr- und Knallgeräusche; Ein- und Ausschalten von Lampen, Fernsehgeräten und Radios; Bewegen von Gegenständen, Personen und Tieren; Zerschlagen von Möbelstücken, Geschirr und Fensterscheiben.

- **Deutlichere Abgrenzung gereihter Sätze**: Hier nimmt das Semikolon eine Mittelposition zwischen dem Reihungskomma und dem Punkt ein. Es wird vor allem dann gesetzt, wenn syntaktisch selbstständige Sätze inhaltlich eng miteinander verbunden sind:

(11) Kobolde kommen in Haushalten vor; Elfen gehören zu den Naturgeistern.

(12) Der nachtaktive Siebenschläfer kann ordentlich Lärm machen, wenn er unter dem Dach wohnt; deshalb hat ihn schon so mancher für einen Einbrecher gehalten.

Das Semikolon kann in der Schule helfen, das Konzept der Reihung in Zweifelsfällen transparenter zu machen. Es sollte im Gesamtüberblick nicht fehlen.

Abschließend sei angemerkt, dass die Zeichensetzung nur eine Möglichkeit ist, Textteile zu strukturieren und hervorzuheben. Daneben leisten dies **typografische Auszeichnungen** wie Schriftgröße oder Kursivsetzung, ebenso Mittel wie Absätze, gelistete Aufzählungen usw. Sie treten dann ebenfalls in ein Konkurrenzverhältnis zu den Satzzeichen, was eine Tilgung auslöst:

(13) Zu den Bilchen gehören: Haselmaus, Gartenschläfer, Siebenschläfer.

(14) Zu den Bilchen gehören:
- Haselmaus
- Gartenschläfer
- Siebenschläfer

6.3 „Man schreibt in ganzen Sätzen"

In der Schule wird man dazu angehalten, „in ganzen Sätzen" zu reden und zu schreiben. Der grammatische Satz wird zur Definition von Äußerungsarten herangezogen und Satzschlusszeichen sollten in der Folge nur bei Ausdrücken stehen, die „syntaktisch vollständige" Hauptsätze enthalten.

Der wahre Kern dieses Mythos ist wiederum am besten zu verstehen, wenn man geschriebene und gesprochene Sprache unterscheidet. Während uns in Gesprächen häufig unvollständige Sätze begegnen dürfen (was durch die Situationsgebundenheit in der Regel kaum auffällt), gelten für die Schriftsprache andere Anforderungen. Sie muss meist präziser sein und Verstehenskontexte sauberer ausarbeiten oder aufgreifen (→ 2.1). Das gelingt in vollständigen grammatischen Sätzen besser als in Fragmenten, heißt aber längst nicht, dass alle geschriebenen Äußerungen formal-grammatische Kriterien prototypischer Sätze erfüllen sollen. Punkt.

Punkt, Ausrufezeichen und Fragezeichen dienen laut amtlicher Regelung der Kennzeichnung des Schlusses ganzer Sätze. Doch was bestimmt, was ein vollständiger Satz ist? Aus linguistischer Sicht ist der Begriff nicht ohne Weiteres definierbar. Er ist und bleibt eine Frage der Perspektive. Die Zeichensetzung hilft uns deshalb oft dabei, grammatische Fragmente und erstarrt Formelhaftes im Geschriebenen als Sätze zu verstehen. Denn so sollte man die Regel vor allem lesen:

Wenn ein Ausdruck mit Punkt, Ausrufezeichen oder Fragezeichen endet, ist er als **Satz** im Sinne einer abgeschlossenen Einheit aufzufassen.

Für eine *initiale* Zeichensetzungsdidaktik zentral ist das Konzept des Satzes als eine Einheit aus einem Prädikat mit seinen Satzgliedern (→ 4.4.1). In der Auseinandersetzung mit diesem Konzept manifestiert sich eine stabile Vorstellung von grammatischen Äußerungen, die implizit vorhandenes Strukturwissen nutzt. Das bezieht auch die Fähigkeit ein, einzuschätzen, welche Strukturen in der kommunikativen Situation nicht sichtbar gemacht werden müssen oder sogar sollen, um bestimmte Interpretationen anzuregen. Sprecher:innen derselben Sprache verfügen schließlich über dasselbe Strukturwissen und ergänzen ggf. Fehlendes, weil sie mit Satzzeichen markierte Äußerungen als „satzwertig" auffassen *wollen*. Die Frage, warum einem Informationen vorenthalten werden, wird dadurch **kommunikativ-pragmatisch** beantwortet:

Eine schriftsprachliche Äußerung wie „Punkt" (oben) ist im Sachtext deplatziert und sie provoziert dazu, sie als vollständige Aussage zu interpretieren: „Hier endet, was man dazu sagen muss. Ich setze also einen Punkt und mache mir keine weitere Mühe." Oder auch: „Ich setze bewusst kein Ausrufezeichen, sondern einen Punkt, denn die Sache ist völlig klar, oder Ihnen etwa nicht?"

Die meisten schriftsprachlichen Äußerungen dieser Art sind zum Glück nicht dazu da, Lesende herauszufordern. Meistens haben sie eine pragmatische Entlastung zum Ziel, wenn offensichtlich Rekonstruierbares nicht doppelt geäußert wird. Grammatische **Ellipsen** gehören hierher. Sie sind gedanklich einfach zu vervollständigen:

(1) Wie alt ist Julius mittlerweile? Zehn? (= Ist Julius mittlerweile zehn Jahre alt?)

Nicht immer lassen sich solche Einheiten auf einen ausgebauten Satz zurückführen. Man spricht daher allgemeiner von **Satzäquivalenten**. Besonders in Form von Anreden und Ausrufen sind sie in Texten häufig anzutreffen. Unter kommunikativer Perspektive gelten auch sie als Sätze:

(2) Autsch! Wie bitte? Danke vielmals! Meine Damen und Herren! Liebe Gäste!

Letztlich ist entscheidend, ob die mittels Schlusszeichen markierten Ausdrücke unter pragmatischen Gesichtspunkten als Sätze gelesen werden *sollen*. Aus einer rein formalen Perspektive lassen sich die Dimensionen dafür nur eingrenzen, aber nicht festlegen. Kompetente Schreiber:innen nutzen grammatische Grundlagen wie das implizite Wissen über stets gleiche Strukturen, um kommunikative Absichten differenziert umzusetzen.

Aufgabe 6.4 Wie kann die kommunikative Funktion des Ausdrucks „Sorry" im folgenden Beispiel beschrieben werden? Welche Leistung hat dabei der Punkt im Vergleich zum Ausrufezeichen?
Die Siebenschläfer sehen vielleicht so aus, aber sie sind keine näheren Verwandten der Grauhörnchen. Sorry. Das hättest du wissen können.

Als typisches Merkmal **dialoghafter Mündlichkeit** werden Satzfragmente und elliptische Sätze allgemein für Texte oder Textpassagen genutzt, die einen sprechsprachlichen Stil andeuten sollen. Das gilt nicht nur für die direkte Redewiedergabe wie im folgenden Beispiel, wo die ausführliche Antwort in der realen Kommunikationssituation befremdlich bis gekünstelt wirkt.

(3) „Wo habt ihr eure Nachbarn getroffen?", fragte Anna. Julius antwortete: „Im Zoo." (Nicht: „Wir haben unsere Nachbarn im Zoo getroffen.")

Der Stil findet sich ebenso dann, wenn **Denkvorgänge und innere Monologe** eingefangen werden (4–6). Selbst der für gewöhnlich unmarkierte Punkt wird mitunter stilistisch genutzt und seine Grenzsignalfunktion kann jedem Wort besonderen Nachdruck verleihen (6).

(4) Können die beiden nach dem Zerwürfnis wirklich noch Freunde bleiben? Vielleicht. Wir werden sehen.
(5) Wenn ich so weiterbummle, werde ich den Zug verpassen. Und die Teamsitzung. Egal. Ich trink jetzt erstmal meinen Kaffee.
(6) Ich rieb mir die Augen und schaute fassungslos auf den Brief. Doch. Hier stand es. In schwarzen Lettern: Es freut uns, Ihnen mitteilen zu dürfen, dass Sie die Aufnahmeprüfung bestanden haben. Dass. Sie. Die. Aufnahmeprüfung. Bestanden. Haben. Ich!

6.4 „Aussagesätze enden mit einem Punkt …“

… Fragesätze mit einem Fragezeichen, Aufforderungen mit einem Ausrufezeichen. Bei der Vermittlung der Zeichensetzung kommen Lernende mit verschiedenen Satzarten in Berührung. Welches Schlusszeichen verwendet werden muss, wird dabei an formale Eigenschaften geknüpft, die alternative Verwendungen ausschließen.

Der wahre Kern des Mythos ist, dass es zwischen Satzarten und Satzschlusszeichen typische Beziehungen gibt. Diese sind aber um einiges komplexer, als der Mythos nahelegt, der das Konzept der Satzart in verkürzter Weise direkt mit der Schlusszeichensetzung verknüpft. Eine allgemeingültige Regel für die Schlusszeichensetzung lässt sich aus den Satzarten nicht ableiten. Eine solche Annahme ist für den Erwerb der Schlusszeichensetzung eher hinderlich, weil sie Normen da vermutet, wo keine sind.

6.4.1 Satzart und kommunikative Absicht

Sobald Sprache gebraucht wird, will man etwas bewirken. In der Linguistik werden solche Sprachhandlungen *Sprechakte* genannt. Wer sich äußert, hat eine **kommunikative** oder **Äußerungsabsicht**; die Sprechakttheorie nennt sie *Illokution*: Man will informieren, nachfragen, etwas versprechen, sich beschweren, warnen, sich entschuldigen, drohen usw. In der traditionellen Satzlehre unterscheidet man dagegen nur zwischen:

- Aussagesatz (Deklarativsatz)
- Fragesatz (Interrogativsatz)
- Ausrufesatz (Exklamativsatz)
- Wunschsatz (Desiderativsatz)
- Aufforderungssatz

Bereits aus dieser Einteilung in sog. **Satzarten**[17] wird ersichtlich, dass etliche Sprachhandlungen darin nicht enthalten sind. Im schulischen Kontext spielen eigentlich nur drei eine Rolle, nämlich **Aussagesatz**, **Fragesatz** und **Aufforderungssatz**. Die restlichen Satzarten werden entweder ausgeblendet oder aber man ordnet Wunschsätze implizit den Aussagesätzen und Aus-

17 Zu Satzarten bzw. -typen und Äußerungsabsichten vgl. auch den LinguS-Band 5.

rufesätze den Aufforderungssätzen zu. Da es unwahrscheinlich ist, dass in Texten keine Wünsche oder Ausrufe geäußert werden, stellt sich die Frage, wie sich diese Reduktion legitimiert. Ein Blick in Schulbücher, aber auch auf öffentlich zugängliches Lernmaterial offenbart, dass eine Thematisierung der drei verbleibenden Satzarten auf die Zeichensetzung beschränkt ist. Die Begrifflichkeiten tauchen auf, wenn es um die Setzung von **Satzschlusszeichen** geht. Die daraus resultierende Kernaussage, die ja auch den Mythos prägt, sieht in etwa so aus:

Fallbeispiel (Achtung: So nicht!)

- Aussagesatz: Wir sagen oder erzählen etwas.
  Beispiel: *Julius schlägt das Buch auf.*
  Aussagesätze enden mit einem Punkt.
- Fragesatz: Wir fragen etwas.
  Beispiele: *Wer schlägt das Buch auf? / Schlägst du das Buch auf?*
  Fragesätze enden mit einem Fragezeichen.
- Aufforderungssätze: Wir fordern auf, befehlen oder bitten um etwas.
  Beispiel: *Schlag das Buch auf!*
  Aufforderungssätze enden mit einem Ausrufezeichen.

Die Botschaft lautet, dass die Satzart die Wahl des Schlusszeichens bestimmt. Was genau Satzarten sind, bleibt dabei normalerweise ungeklärt. Was als Voraussetzung für die Zeichensetzung präsentiert wird, erschließt sich Lernenden nur über das Satzschlusszeichen selbst: Ich setze einen Punkt, wenn es sich um einen Aussagesatz handelt, und ein Aussagesatz liegt vor, wenn am Ende ein Punkt steht. Ein Zirkelschluss.

Dabei stellt die Grammatik für die verschiedenen Satzarten zumindest teilweise formale Mittel zur Verfügung. Zwischen der formalen Struktur von Sätzen und bestimmten Arten von Äußerungen lassen sich Zusammenhänge feststellen. Sie betreffen v. a. die Satzform und den Modus. Betrachten wir die obigen Beispielsätze im Feldermodell (→ 4.7.2), lassen sich folgende Beobachtungen festhalten:

- Beim Aussagesatz steht das finite Verb an zweiter Stelle; im Vorfeld steht ein beliebiges Satzglied.
- Beim „Fragesatz" steht das finite Verb
  - am Satzanfang, wenn es sich um eine *Entscheidungsfrage* handelt
  - an zweiter Stelle, wenn es sich um eine *Ergänzungsfrage* handelt; im Vorfeld steht dann ein Fragewort.
- Beim „Aufforderungssatz" steht das finite Verb am Satzanfang und im Modus Imperativ.

Auch wenn man die Beziehung zwischen Satzform und Satzart gerade bei Fragesätzen als prototypisch bezeichnen kann, muss von einer Generalisierung abgesehen werden. Dies gilt insbesondere für die Aufforderungssätze, deren Möglichkeiten sich bei Weitem nicht im Muster des **Imperativsatzes** erschöpfen. Vielmehr muss der Imperativsatz als Sonderform von Aufforderungssätzen angesehen werden. In den folgenden Beispielen ist die kommunikative Absicht immer eine Aufforderung. Dabei zeigt sich eine beachtliche Variation sowohl bezüglich formaler Erscheinungsformen als auch in der Wahl des Schlusszeichens.

(1) *Verberstsatz (Imperativsatz) mit Ausrufezeichen*
Fahr langsamer!

(2) *Verberstsatz (Imperativsatz) mit Punkt*
Bestellen Sie direkt an der Bar.

(3) *Verberstsatz (Entscheidungsfrage) mit Fragezeichen*
Können Sie die Tür schließen?

(4) *Verberstsatz (Entscheidungsfrage) mit Ausrufe- oder Fragezeichen*
Willst du endlich still sein? / !

(5) *Verbzweitsatz mit Punkt*
Sie dürfen sich setzen.

(6) *Verbzweitsatz mit Ausrufezeichen*
Das musst du dir anschauen!

(7) *Verbzweitsatz mit Fragezeichen*
Du bist immer noch da?

In einer Matrix zusammengetragen, ergibt sich folgendes Bild:

Äußerungsabsicht	Satzform entspricht dem	Zeichen	Beispiel
Aufforderung	Aufforderungssatz	!	(1)
		.	(2)
	Fragesatz (Entscheidungsfrage)	?	(3) / (4)
		!	(4)
	Aussagesatz	.	(5)
		!	(6)
		?	(7)

Dem in schulischen Kontexten häufig als modellhaft vermittelten Aufforderungssatz, dem Imperativsatz, entsprechen nur die ersten beiden Beispiele, wobei bereits im zweiten deutlich wird, dass selbst in Befehlssätzen Ausrufezeichen keineswegs zwingend sind. Der Punkt wird gewählt, um den „Befehlston" abzuschwächen, oder in Fällen, wo die Befolgung der Aufforderung als selbstverständlich angesehen werden kann. Daher wird er bei Aufgabenstellungen häufig gewählt: *Schlag im Zweifelsfall im Wörterbuch nach.*

Folgendes lässt sich zusammenfassen:

- **Die Satzart bildet die Äußerungsabsicht nur bedingt ab**: Für Aufforderungen sind auch Strukturen in Form von Fragen oder Aussagen möglich.
- **Die Äußerungsabsicht bestimmt das Satzschlusszeichen nur bedingt**: Aufforderungen können mit anderen Satzzeichen als dem Ausrufezeichen abgeschlossen werden.

Nicht nur Aufforderungen, auch Fragen können von der prototypischen Satzstruktur abweichen. Gut sichtbar wird das bei sog. **Echofragen**, deren kommunikative Funktion es ist, sich zu vergewissern / das Verständnis zu sichern, während ihre Satzform dem Aussagesatz entspricht.

(8) Lea geht schon zur Schule? (Als Reaktion auf die Äußerung: Lea geht zur Schule.)
(9) Du hast was? (Als Reaktion auf die Äußerung: Ich habe Julius einen Zahn ausgeschlagen.)

Wiederum geben weder die Satzart noch die Äußerungsabsicht abschließend vor, welches Schlusszeichen zu setzen ist. Die Funktion des Fragezeichens ist nicht, Fragesätze zu kennzeichnen, sondern zu signalisieren, dass eine Äußerung als Frage verstanden werden soll.[18] Gerade die Echofragen zeigen, dass sich die Frageintonation beim Vorlesen nicht direkt aus der syntaktischen Struktur, sondern erst aus der Wahl des Satzzeichens ergibt. Auch Beispiel (4) weiter oben verdeutlicht, dass diese Wahl keineswegs eindeutig durch die Satzform bestimmt ist. Sie ist pragmatisch begründet und entsprechend sind Ausrufe- und Fragezeichen in allen Kontexten anzutreffen (und erlaubt!), die ein Schreiber oder eine Schreiberin besonders kennzeichnen will.

Aufgabe 6.5 Folgende Schülerfrage stammt aus einem Online-Forum. Erklären Sie, worin das Problem des Fragenden besteht, und überlegen Sie sich, was Sie darauf antworten würden. *Antwortet mir bitte bis morgen auf die E-Mail! → Muss hier ein Ausrufezeichen gesetzt werden?*

6.4.2 Freiheiten entdecken lassen

Im Sinne des Gesamtbildes, das dieser Band zeichnen möchte, kann auch hier der initiale Zugang kein deklarativer sein. Berücksichtigt man die Eigendynamik im Spracherwerb, rückt die Frage in den Fokus, wie man angemessene Entscheidungsspielräume entdecken lässt. Gerade bei der Satzschlusszeichensetzung ist davon auszugehen, dass Lernende die Regularitäten intuitiv erkennen und es kaum einer Unterweisung bedarf. Der Punkt wird früh erworben und bereitet Kindern in der Regel bald keine Schwierigkeiten mehr (vgl. Eichler/Küttel 1993). Sie entwickeln – davon ist auszugehen – eigenständig auch eine

18 Das ist der Grund, warum indirekte Fragen / Fragenebensätze kein Fragezeichen bekommen; sie sind keine eigenständigen Äußerungen: *Ich frage mich, ob du den Siebenschläfer auch gesehen hast.*

Intuition dafür, welche Funktion andere Satzschlusszeichen in Texten haben. Starre Regelformulierungen, die enger gefasst sind als der tatsächliche Gebrauch, können mehr verunsichern, als dass sie nützen.

Die Schlusszeichen Punkt, Frage- und Ausrufezeichen stehen in einem **Konkurrenzverhältnis**. Der Punkt ist dabei nicht nur der wichtigste, sondern auch der häufigste Vertreter. Er ist reines Grenzsignal; seine markierten Konkurrenten Ausrufe- und Fragezeichen haben zusätzliche kommunikative Funktionen, indem sie Absichten anzeigen, die sich nicht allein aus der Satzform ableiten lassen. Auch wenn es prototypische Beziehungen zwischen Satzarten und Äußerungsabsichten gibt, entscheidet letztlich die Intention des Schreibers oder der Schreiberin. Das heißt für die Praxis:

- Die Zeichensetzung muss sich an diesen Absichten orientieren und nicht an den formalen Satzarten.

Da mit den Satzschlusszeichen Intentionen verbunden sind, sind lebensweltliche Bezüge schon für Kinder in unteren Klassenstufen herstellbar. Prototypische Fälle können in einer Hinführung zwar durchaus eine gewisse Modellhaftigkeit haben, doch im weiteren Verlauf sollten Lernende sensibilisiert werden für die kommunikative Funktion der Zeichensetzung.[19] Im Zentrum stehen soll dabei die Frage nach der Wirksamkeit: Unterstützt die Zeichenwahl meine Schreibabsicht oder führt sie auf eine falsche Fährte? Im Zusammenhang mit der Zeichensetzung in der direkten Rede kann das mit geeigneten Verben (*rufen*, *fragen*, *sich erkundigen* etc.) im Begleitsatz erkennbar gemacht werden. Später lohnt es sich, den Spielraum und die Wirkung der Alternativen zu reflektieren.

19 Bredel (2010) konnte zum Erwerb des Ausrufezeichens zeigen, dass Kinder diese anfänglich nicht bei Aufforderungen setzen, sondern an Stellen, wo es um die „Umorganisation von Wissen" geht. Damit gemeint ist die Abweichung von den im Normalfall bestehenden Wissensverhältnissen, d. h. dem wissenden Schreiber und dem nicht-wissenden Leser. Das Fragezeichen kennzeichnet eine Umkehrung dieser Verhältnisse; das Ausrufezeichen signalisiert, dass als vorausgesetzt geltendes Vorwissen „dispensiert" wird. Beim Ausrufezeichen konnte Bredel einen Entwicklungsverlauf beobachten, der zunächst vor allem die produzentenseitigen Wissensstrukturen herausstellt: *Mein Herz pochte, so Angst hatte ich noch nie gehabt!* (Bredel 2010: 268) und erst später das Rezipientenwissen einbezieht. Das entspricht genau den Beobachtungen im Syntaxerwerb (→ 4.2.1), wo sich die Hörerweltverortung im Satzbau erst nach und nach während der Schulzeit besser zeigt.

Aufgabe 6.6 Welche Schreibabsichten stecken hinter den gewählten Satzschlusszeichen?

a. *„Kannst du nicht endlich Ruhe geben?", murrt Lea.*
b. *„Kannst du nicht endlich Ruhe geben!", murrt Lea.*
c. *„Kannst du nicht endlich Ruhe geben", murrt Lea.*

Im Zusammenhang mit der Zeichensetzung in der direkten Rede sollten auch die Verben im Begleitsatz thematisiert werden: Welche Zeichensetzung scheint beim Verb *brüllt* angemessen, welche bei *bittet*? Wie sieht es mit *brummt* aus? Weshalb ist das Ausrufezeichen nach *zischt* geeignet, obwohl *zischen* keine besonders laute Art des Sich-Äußerns ist? Das Besprechen solcher Fragen und das Einfordern von Begründungen der eigenen Zeichensetzung lässt Lernende nicht nur erkennen, dass sich gewisse Zeichen stilistisch ausschöpfen lassen. Es unterstützt sie auch dabei, ihr Augenmerk beim eigenen Lesen verstärkt auf solche Hinweise zu richten.

In höheren Stufen können die Zeichen in ihren Konkurrenzverhältnissen reflektiert werden. Ausgangsfragen dazu wären: Weshalb leistet sich unsere Schrift ein so umfangreiches Satzzeicheninventar? Sind einige davon überflüssig? So können die Beziehungen unter den Zeichen und ihre spezifischen Wirkungen herausgearbeitet werden. Diese Einsichten sind einerseits mit Bezug auf das eigene Schreiben wertvoll, sie können aber auch zu einer Lesepraxis führen, die den gewählten Satzzeichen mehr Beachtung schenkt.

6.5 „In Anführungszeichen steht Wörtliches"

In der Schule werden die Anführungszeichen im Zusammenhang mit der direkten Rede eingeführt und ihr Gebrauch ist in diesem Kontext besonders präsent. Weisen die Anführungszeichen demzufolge nicht immer auf im weitesten Sinn wörtlich Wiedergegebenes hin?

Der wahre Kern dieses Mythos: Anführungszeichen dienen zur Kennzeichnung der direkten Rede. Da dies die erste – und häufig einzige – Verwendungsweise von Anführungszeichen ist, die schulisch vermittelt wird, misst man ihr besonderes Gewicht bei. Die Häufigkeit von direkter Rede in Texten sollte aber nicht überschätzt werden. Textsorten, die Dialoge enthalten, sind außerhalb der Schule und der Belletristik vergleichsweise selten. Das wörtliche Zitieren spielt vor allem in zwei weiteren Bereichen eine wichtige Rolle: in der Wissenschaft, wo das Ausweisen fremder Gedanken verpflichtend ist, und in der journalistischen Arbeit, wo direkte Zitate genutzt werden, um dem Text höhere Authentizität zu verleihen. Das alles scheint sich am Ende mehr oder weniger in der Formel der *wörtlichen fremden Gedanken* zu erschöpfen, doch die Anführungszeichen haben weitere Aufgaben, an denen ihre grundlegende Funktion transparenter wird.

6.5.1 Funktionen der Anführungszeichen

Nach Klockow (1980) können zwei Hauptfunktionen von Anführungszeichen unterschieden werden: eine *konventionelle* und eine *modalisierende.*

Mit ihrer **konventionellen Funktion** grenzen die Zeichen Zitate ab. Die zitierten Einheiten können formal unterschiedlich sein: Als Sätze kommen sie vor allem in der **direkten Rede** (→ 6.5.2) vor:

(1) Die junge Frau sagt: „Ich habe die Handtasche gefunden."

Zitieren lassen sich zudem Einheiten unterschiedlicher Größe, über die eine *metasprachliche Aussage* gemacht werden soll, zum Beispiel Morpheme (2), einzelne Wörter (3), Wortgruppen (4) oder feste Wendungen / Sprichwörter (5):

(2) Das Präfix „anti" kommt aus dem Griechischen.
(3) Wer ist mit „wir" eigentlich gemeint? (= dem Wort „wir")
(4) Steht vor „und zwar" immer ein Komma?
(5) Angerichtet wird immer nach dem Motto „Das Auge isst mit".

Anführungszeichen stehen auch bei **Werktiteln**, Namen von Sendungen oder Zeitungen und dergleichen.

(6) Die Inszenierung von Mozarts „Don Giovanni" wurde von der Presse verrissen.
(7) Sie weiß das aus „Die Sendung mit der Maus".[20]

Statt der Anführungszeichen kann in den Beispielen (2–7) ein anderer Schriftstil gewählt werden; besonders geeignet ist Kursivschrift.

Gemäß Klockow zeichnet sich die *konventionelle Gebrauchsweise* dadurch aus, dass die zitierten Passagen durch den Kontext auch ohne die explizite Mar-

20 Hinweis: Steht der Artikel innerhalb des Zitats, wird er nicht dekliniert, ansonsten schon: Sie weiß das aus der „Sendung mit der Maus".

kierung als Zitate erkennbar sind. Demgegenüber ist der **modalisierende Gebrauch** von Anführungszeichen nicht kontextgebunden. Mit ihrer Verwendung wird eine bewusste Abweichung vom üblichen Sprachgebrauch signalisiert:

(8) Die junge Frau sagt, sie habe die Handtasche „gefunden".
(9) Unsere Tochter ist gerade mal zwei Tage „alt".
(10) Bei Oma sind die „Herrgottsbscheißerle" besonders lecker.
(11) Seine „Fahrkünste" sind legendär.

In allen Fällen haben die Anführungszeichen den Zweck, den Leser oder die Leserin auf die Abweichung aufmerksam zu machen bzw. zu signalisieren, dass der Ausdruck absichtlich und mit Vorbehalt verwendet wird. Beispiel (8) sind wir bereits in 6.1.2 begegnet. Mit der Markierung durch Anführungszeichen können Zweifel an der Aussage angedeutet werden. In (9) wird die Aufmerksamkeit bewusst auf die scheinbar paradoxe Verwendung von „alt" gelenkt. Mit den Anführungszeichen in (10) kann der Verfasser oder die Verfasserin kenntlich machen, dass der (möglicherweise als derb empfundene) Dialektausdruck bewusst und nicht aus stilistischer Unbeholfenheit gewählt wurde. Die Anführungszeichen in (11) relativieren die eigentliche Wortwahl, sie kennzeichnen die Aussage als ironisch.

Nicht immer ist die Abgrenzung zwischen modalisierenden und konventionellen Anführungszeichen so klar, wie Klockows Einteilung suggeriert. Dies gilt vor allem dann, wenn einzelne Wörter oder Wendungen aus fremden Quellen direkt übernommen werden. In (12) erkennt man nur aufgrund der Anführungszeichen, dass es sich um ein wörtliches Zitat handelt.

(12) Die Politikerin tritt „aus persönlichen Gründen" zurück.
(13) Die junge Frau sagt, sie habe „die Handtasche gefunden".

Auch in (13) weisen die Anführungszeichen die eingeschlossene Einheit als Zitat aus. Während in (1) weiter oben der ganze Satz in Anführungszeichen gesetzt wurde, wie dies für die Kennzeichnung der direkten Rede erforderlich ist, wird in (13) nur ein Ausschnitt in Anführungszeichen gesetzt, eine Vorgehensweise, die für wörtliches Zitieren in wissenschaftlichen Texten und im Journalismus zwingend ist, die in der Schule aber kaum je thematisiert (sondern im Kontext der indirekten Redewiedergabe eher sanktioniert) wird.

Sucht man nach einem Merkmal, das konventionelle und modalisierende Anführungszeichen gleichermaßen anzeigen, lässt sich in beiden Fällen eine Art **Distanzmarkierung** feststellen. Schreibende kennzeichnen, worauf sie nicht festgelegt werden möchten: Das kann der Wortlaut der direkten Rede sein („ohne jede Interpretation meinerseits"), wo die indirekte Rede eine gewisse Stellungnahme erlaubt, und zwar vor allem in der Wahl des Modus:[21]

(14) *Mit dem Indikativ wird die fremde Ansicht als wahr integriert*
Anna sagt, die Siebenschläfer sind mit den Grauhörnchen verwandt.

(15) *Mit dem Konjunktiv I bleibt die fremde Ansicht unbewertet*
Anna sagt, die Siebenschläfer seien mit den Grauhörnchen verwandt.

(16) *Mit dem Konjunktiv II wird die fremde Ansicht bezweifelt*
Anna sagt, die Siebenschläfer wären mit den Grauhörnchen verwandt.

Die direkte Rede bildet nur (15) ab, also die distanzierte und nicht bewertende Wiedergabe der Äußerung.

Interessanterweise leistet der modalisierende Gebrauch im Kern genau dasselbe. Die Anführungszeichen sagen: „Ich distanziere mich von dem gewählten Ausdruck und überlasse es Ihnen, zu bewerten oder zu interpretieren." Das hat die kommunikativ-pragmatische Auswirkung, dass Rezipienten danach suchen, was es denn speziell zu interpretieren gibt. Schon wird ein „gefunden" zum „gestohlen".

6.5.2 Zeichensetzung bei direkter Rede

Bei der Zeichensetzung in **direkter Rede** handelt es sich um einen Spezialfall des Zitierens. Äußerungen anderer, aber auch die eigenen Gedanken werden mit Anführungszeichen als Zitate kenntlich gemacht.

(17) Ich fütterte die Enten, als Julius sagte: „Das kleine Boot gefällt mir."

(18) Ich blickte auf den See und dachte: „Es ist so friedlich hier."

Ein häufiges Merkmal von direkter Rede ist der Sprecherwechsel. Das „mir" im Beispielsatz (17) stimmt nicht mit dem Erzähler-Ich überein. Die zitierte Person wird daher meist in einem **Begleitsatz** explizit erwähnt. Wie (18) zeigt, können aber auch eigene Gedanken zitiert werden.

21 Inwiefern die Wahl des Modus tatsächlich auf eine unterschiedliche Distanziertheit zurückzuführen ist, ist umstritten. Die Entscheidung für den Modus hängt zumindest auch mit weiteren Faktoren zusammen. Vgl. dazu Fabricius-Hansen et al. (2018).

Die Redewiedergabe ist **nebensatzwertig**, sie ist dem Begleitsatz syntaktisch untergeordnet. Das lässt sich daran zeigen, dass sie sich ersetzen lässt mit einem stellvertretenden Pronomen, das im Satz die Funktion als Objekt noch besser ersichtlich macht:

(19) Julius sagte: „Das kleine Boot gefällt mir." – Julius sagte etwas.

Es ist weniger das Verständnis für das Konzept der Redewiedergabe als vielmehr die **Zeichenabfolge**, die auch bei Erwachsenen teilweise noch zu Unsicherheiten führt: Kommt das Schlusszeichen vor oder nach dem Punkt? Wohin gehört das Komma, wenn der Begleitsatz eingeschoben wird? Folgende vier Muster können dabei unterschieden werden:

- Muster 1: **Der Begleitsatz geht voran.**
  - *Begleitsatz: „Direkte Rede."*
    Julius sagt: „Das kleine Boot gefällt mir."
  - *Begleitsatz: „Direkte Rede!"*
    Julius ruft: „Das kleine Boot gefällt mir!"
  - *Begleitsatz: „Direkte Rede?"*
    Julius fragt: „Gefällt dir das kleine Boot?"
- Muster 2: **Der Begleitsatz steht am Ende.**
  - *„Direkte Rede", Begleitsatz.*
    „Das kleine Boot gefällt mir", sagt Julius.
  - *„Direkte Rede!", Begleitsatz.*
    „Das kleine Boot gefällt mir!", ruft Julius.
  - *„Direkte Rede?", Begleitsatz.*
    „Gefällt dir das kleine Boot?", fragt Julius.
- Muster 3: **Der Begleitsatz ist eingeschoben.**
  - *„Direkte Rede", Begleitsatz, „Direkte Rede."*
    „Das kleine Boot", sagt Julius, „gefällt mir."
  - *„Direkte Rede", Begleitsatz, „Direkte Rede!"*
    „Das kleine Boot", ruft Julius, „gefällt mir!"
  - *„Direkte Rede", Begleitsatz, „Direkte Rede?"*
    „Gefällt dir", fragt Julius, „das kleine Boot?"
- Muster 4: **Der Begleitsatz wird nach der direkten Rede fortgeführt.**
  - *Begleitsatz: „Direkte Rede", Begleitsatz.*
    Julius sagt: „Das kleine Boot gefällt mir", und macht ein Foto.

- ▹ *Begleitsatz: „Direkte Rede!“, Begleitsatz.*
  Julius ruft: „Das kleine Boot gefällt mir!“, und macht ein Foto.
- ▹ *Begleitsatz: „Direkte Rede?“, Begleitsatz.*
  Julius fragt: „Gefällt dir das kleine Boot?“, und macht ein Foto.

Diese Muster haben eine einfache innere Logik:

Die **Anführungszeichen** rahmen die Äußerung. Daher stehen die Satzschlusszeichen innerhalb dieser Rahmung.

Die Kommas hingegen sind nicht Teil des Gesagten; sie stehen außerhalb. Zudem lassen sich **zwei Tilgungsregeln** feststellen:

- Obwohl der Satz in direkter Rede dem Begleitsatz untergeordnet ist, wird im Muster (1) auf den *Punkt des Gesamtsatzes* verzichtet. Das Satzschlusszeichen ist in die Redewiedergabe integriert.
  Also nicht: *Julius ruft: „Das kleine Boot gefällt mir!“***.**
- In den Mustern (2) und (4) fehlt der Punkt, wohingegen Ausrufe- und Fragezeichen gesetzt werden.
  Also nicht: *„Das kleine Boot gefällt mir***.***“, sagt Julius.*

Wiederum zeigt sich, dass markierte Satzzeichen immer gesetzt werden, wohingegen die unmarkierten, nur syntaktisch motivierten Grenzsignale zu tilgen sind, wenn die Struktur anderweitig hinreichend zu erkennen ist.

Aufgabe 6.7 Setzen Sie in den folgenden Sätzen die Anführungszeichen (sowie im Fall der direkten Rede etwaige weitere Satzzeichen). Wo erkennen Sie Spielraum für Alternativen und warum?

a. *Die Kundin wetterte Können Sie nicht aufpassen*
b. *Im Satz Maria gefällt die Fahrt steht Maria im Dativ.*
c. *Der Ertrinkende schrie Hilfe aber niemand hörte ihn.*
d. *Du bist mir aber einer brummte Leo kopfschüttelnd.*
e. *Wir haben uns gefragt, ob man Nathan der Weise heute noch kennt.*
f. *Bei Fragen wenden Sie sich bitte an den Empfang*
g. *Die Königin der Nacht fühlte sich mal wieder unpässlich.*
h. *Bei der Befragung konnte sich der Angeklagte nicht erinnern.*

6.5.3 Ideen für die Schulpraxis

Unter den Gebrauchsweisen der Anführungszeichen hat die direkte Redewiedergabe in der Schule den höchsten Stellenwert. Die zentrale Regel kann daher so gefasst werden:

Wörtliche Wiedergaben stehen in Anführungszeichen. Dies gilt vor allem für die direkte Rede.

Weshalb Gedanken oder Aussagen in *eigenen* Texten als *fremd* gekennzeichnet werden, leuchtet Kindern nicht unmittelbar ein. Anfangs stellen sie den Begleitsatz der direkten Rede nach (vgl. Pohl 2004). Das kann so gedeutet werden, dass Schreibende bei der Dokumentation des „inneren Films" erst nachträglich die Notwendigkeit erkennen, die Urheberschaft einer Äußerung kenntlich zu machen. Das aus schulischer Sicht typischere Muster Begleitsatz + direkte Rede wird erst ab der 4. Klasse stärker genutzt. Das heißt, ab diesem Zeitpunkt können die Stellungsvarianten aktiver einbezogen werden.

Aus Studien ist zudem bekannt, dass Schlusszeichen in der direkten Rede häufig fehlen. Das hängt wahrscheinlich damit zusammen, dass der Abschluss der Redewiedergabe beim Schreiben weniger Aufmerksamkeit erfährt als der Beginn. Kinder können in der Textüberarbeitung für solche Stellen sensibilisiert werden.

Noch bevor die Zeichensetzung an sich zum Thema wird, eignen sich als Hinführung Formate, die fremde Stimmen in Texten besonders gut sichtbar machen. Möglichkeiten dazu sind:

- **Texte, in denen Anführungszeichen fehlen**: Aus der Aufforderung, sie zu lesen, resultieren Verstehensschwierigkeiten, zu denen im Klassengespräch nach Lösungen gesucht werden kann (z. B. mit verschiedenen Farben kennzeichnen, wer gerade spricht; die Dialoge untereinander schreiben usw.).
- **Sprechblasen**: Das Konzept ist aus Comics bekannt. Mit der einfachen Frage, was genau in der Sprechblase stehen würde, kann die eigentliche Rede ermittelt und vom Begleitsatz abgegrenzt werden. Der Ansatz kann mit der Visualisierung durch den **Verbenfächer** (→ 4.7.1) ohne konzeptionellen Bruch verbunden werden.

Ist das Verständnis für die Mehrstimmigkeit im Text einmal vorhanden, liegen die Unsicherheiten vor allem in der Abfolge der Zeichen. Diese folgt bestimmten Mustern (→ 6.5.2). Es bietet sich daher an, den Lernenden diese Muster zur Verfügung zu stellen (z. B. als Plakat im Klassenzimmer oder als Karteikarte zum Nachschauen).

Anhand von geeignetem Textmaterial können die Muster auch selbst entdeckt werden. Wichtig bleibt, dass sie in einer für alle zugänglichen Form festgehalten werden und bei Bedarf zum Nachschauen verfügbar sind. Entsprechend der Erwerbsreihenfolge sollten die einfacheren Muster 1 und 2 zuerst eingeführt und der Fall des eingeschobenen Begleitsatzes sollte erst später ergänzt werden. Das Muster 4 kommt selten vor und kann weggelassen werden. Mit regelmäßigen kleineren Schreibanlässen lassen sich diese Muster mit der Zeit festigen. Möglichkeiten sind:

- **Sprechblasen** oder dialogische Comicsequenzen werden in normale Texte umgeschrieben.
- **Eigene Kurzdialoge** (z. B. zu einem Bildimpuls) werden geschrieben. Lässt man diese im Anschluss zu zweit oder in der Gruppe vorlesen bzw. vorspielen, können die Kinder die Wirksamkeit ihrer Zeichensetzung gleich selbst erfahren.

Auf weitere Regeln in anderen Gebrauchskontexten kann weitgehend verzichtet werden. Im Rahmen von ersten Gehversuchen in wissenschaftlichen Texten kann das wörtliche Zitieren neu aufgenommen und seine Funktionalität diskutiert werden: Weshalb ist es so wichtig, die Quelle anzugeben?

Die modalisierende Funktion von Anführungszeichen kann in höheren Klassen zu einem Reflexionsgegenstand werden. Einen Unterrichtsvorschlag dazu bietet Bredel (2005). Darin lässt sie die Lernenden entdecken, weshalb „ein ‚Künstler' kein Künstler ist". In 7.2 geben wir einen weiteren Impuls für die Sekundarstufe II.

7 Denkanstößiges

Eine Auseinandersetzung mit der Zeichensetzung soll nicht auf die unteren Jahrgangsstufen beschränkt sein. Wir hatten zuvor schon dafür argumentiert, insbesondere der Kommasetzung und ihrem grammatischen Hintergrund Raum bis in die Sekundarstufe II hinein zu geben. Es gibt darüber hinaus weitere Felder, in denen man aufbauend auf Grundkenntnissen mit dem Themenbereich arbeiten kann. Dazu gehören die zuvor weniger thematisierten *Wortzeichen* sowie Aspekte der *Typografie*. Sie bieten sich im weiterführenden Unterricht gut für die recht offene *Reflexion über Sprache und Sprachgebrauch* an.

Die Zeichensetzung ist für manche geradezu ein Politikum. Sie eignet sich deshalb bestens, den gesellschaftlichen Umgang mit sprachlichen Konventionen im Besonderen, aber auch die Bedeutung von Normen im Allgemeinen zu analysieren und zu diskutieren.

Aus einer fachlichen Sicht sind die Debatten mitunter nicht ohne Humor zu ertragen. Wir wollen es deshalb zum Abschluss etwas zwangloser halten und an ausgewählten Beispielen nur Anregungen geben, wie sich überemotionalisierte Standpunkte zurück auf die Sachebene holen lassen.

7.1 „Die Apostrophitis ist eine Epidemie"

Ein angeblich vermehrter Gebrauch eines wiederum angeblich normwidrigen Apostrophs wird in der Öffentlichkeit gern kritisiert, manchmal sogar dem Spott ausgesetzt. Zur Begründung heißt es dann, da herrsche entweder ein Bildungsmangel oder ein Einfluss des Englischen trage die Schuld.

Der wahre Kern dieses Mythos lässt sich vielleicht im augenscheinlich unnötigen Gebrauch des Apostrophs auf allerlei Ladenschildern und Werbetafeln sehen. Es gibt darunter sicher einige normwidrige Fälle, die schnell zum Schmunzeln anregen mögen, doch die häufigere Nutzung des Zeichens zur Abgrenzung des Genitiv-*s* bei Eigennamen wie in „Sabine's Blumenladen" gehört nicht dazu. Zudem ist der „abweichende" Gebrauch mindestens so alt wie unsere großen Dichter und Denker. Von einem Einfluss des Englischen kann nur bedingt die Rede sein.

Wirklich relevant ist für die Schule nur eine Regel zum Apostroph:

Der **Apostroph** steht bei Eigennamen im Genitiv, die im Nominativ auf einen *s*-Laut enden:[22]
Konfuzlus' Lehren, Marx' Klassentheorie, Moritz' Streiche, Grass' Lebenswerk, Elvis' Geburtsstadt, Alice' wunderbare Welten

Der sonstige normierte Gebrauch zeigt sich nur in peripheren Erscheinungen:

- Auslassungen im Wortinneren: *Ku'damm, D'dorf, O'saft*
- Kennzeichnung von ausgelassenen Buchstaben oder Wortteilen, wenn das Wort durch die Auslassungen „schwer lesbar oder missverständlich" bzw. „undurchschaubar" (AR §§ 96, 2 und 97) wird: *Die mächt'gen Wogen; Kommen S' doch rein!*

Da es für die Verständlichkeit kein allgemein gültiges Maß gibt, wird die Verwendung mitunter zur Stilfrage. Generell weggelassen wird der Apostroph in häufigen Verschmelzungen von Präposition und Artikel (*aufs, fürs*) sowie beim Imperativ (*Geh fort!, Schreib mal wieder!*). Auch in Verbindungen mit *es* (*gibts, wirds, wenns*) kann auf ihn verzichtet werden.

Ohne konkrete Vorgabe erwähnt das Regelwerk (§ 97 E) zudem den „gelegentlichen Gebrauch", um generell die Grundformen von Eigennamen zu verdeutlichen:

(1) Andreas' Beitrag / Andrea's Beitrag
(2) verdische Kammermusik / Verdi'sche Kammermusik

Das hat eine lange Tradition, die alte Schreibungen wie *Beck's, Braunbeck's Sport-Lexikon* oder *Manz'sche Enzyklopädie* bezeugen. Im 19. Jahrhundert schrieb der deutsche Grammatiker und Pädagoge Johann Christian August Heyse dazu:

> Außerdem setzt man den Apostroph auch in dem von persönlichen Eigennamen [...] gebildeten Genitiv vor der Endung 's, so wie in den von solchen Namen abgeleiteten Adjectiven [...], um die richtige Form des Namens deutlicher zu bezeichnen. Z. B. Göthe's Werke [...]. Heyse (1849: 790 f.)

22 Dazu gibt es eine für die Schule unwichtigere Unterregel, nach der der Apostroph auch gesetzt wird, wenn *-s, -z, -x* der Grundformen stumm bleibt: *Bordeaux' Fußballclub, Camus' Bücher.*

Nun stoßen wir im Alltag hin und wieder auf Schreibungen, die weder zur Grundregel noch zum „gelegentlichen Gebrauch" passen. Aus normativer Sicht sind sie schlichtweg falsch:

(3) Die WC's bitte sauber halten! Wer kauft heute noch CD's?
(4) Hier keine Auto's parken! Pausensnack's
(5) Haus des Sport's; von Amt's wegen

Solche Beobachtungen bieten in zweierlei Hinsicht einen geeigneten Anlass zur Reflexion. Man kann einerseits **sprachsystematische Regularitäten** erkunden:

- Warum ist der Apostroph an diesen Stellen von der Norm nicht vorgesehen?
- Warum findet man dennoch regelmäßig Schreibungen dieser Art?
- Sind die Schreibungen reine Willkürfehler oder folgen sie einem System?

Aufgabe 7.1 Versuchen Sie zu beschreiben, was die Apostrophe in den Beispielen (3–5) leisten könnten.

Andererseits ist das Feld hervorragend geeignet, um den **gesellschaftlichen Stellenwert der Rechtschreibung** sowie den **Umgang mit Normen** zu diskutieren, denn gerade überschaubare „Kleinigkeiten" wie der Apostroph werden immer wieder zum Gegenstand harscher Kritik oder unverblümter Häme:[23]

- Gibt es eine Pflicht, orthografische Normen zu beachten? Wann ist es empfehlenswert?
- Wo liegt die Grenze zwischen sachgerechter Beurteilung und emotionaler Wertung?
- Sind Orthografiefehler ein Indikator für Intelligenz?
- Warum führen Normverstöße ausgerechnet bei einem so einfachen Thema wie der Apostrophschreibung zu Spott (z. B. im Vergleich zum Komma)?
- Sind Bezeichnungen wie „Deppenapostroph" geeignete Mittel für eine gesellschaftliche Auseinandersetzung und was sind die Regeln für begründungsorientiertes Diskutieren?

23 Zahlreiche Websites stellen Normabweichungen zur Schau und auch in großen Tageszeitungen wird zu den Themen regelmäßig polemisiert. Dabei sind insbesondere die Fälle mit nicht funktionalen Schreibungen (*Mittag's Menü usw.*) in der Realität marginal.

Das kann im Deutschunterricht in die Argumentationstheorie einführen, die für Text- und allgemeine Medienreflexion an Bedeutung gewinnt:

Aufgabe 7.2 Bezeichnungen wie *Deppen-* oder *Idiotenapostroph, Deppenleerzeichen* oder *Deppenbindestrich* sind offenkundig wertend. Welchem rhetorischen Zweck dienen sie?

7.2 „Der Zweck der Anführungszeichen ist eindeutig"

Die Funktion von Anführungszeichen wird oft auf wörtliche Wiedergaben reduziert. Wer sie anders verwendet, habe ihren Zweck nicht verstanden.

Der wahre Kern dieses Mythos wurde in 6.5 besprochen: Anführungszeichen werden für die direkte Rede verwendet und kennzeichnen dort wörtlich Wiedergegebenes. Dass ihnen noch andere Aufgaben zukommen, hat die Diskussion des Mythos bereits gezeigt. Im Alltag begegnen uns darüber hinaus jedoch Verwendungsweisen, die sich in der Norm nicht wiederfinden.

Stellen Sie sich vor, ein Schüler oder eine Schülerin hat den Instagram-Account „@awkward_anfuehrungszeichen" entdeckt und zeigt Ihnen diese Sammlung von „ungewöhnlich" gesetzten Anführungszeichen aus wenig professionellen, häufig handschriftlichen Texten. Sie sehen Beispiele wie die folgenden:

(1) Bitte nach dem Duschen Vorhang ziehen „zum Trocknen".
(2) „Frische Eier" aus Freiland-Haltung.
(3) Alle Spiele auf Großleinwand „live"
(4) Toiletten gereinigt und „desinfiziert".

Lässt man sich auf den Gedanken ein, dass Abweichungen von der Norm nicht zwingend beliebig sind, sondern dahinter möglicherweise Methode steckt, kann man Vermutungen formulieren. Weshalb kämen uns die Beispiele weniger ungewöhnlich vor, wären die Ausdrücke in Anführungszeichen stattdessen kursiv gesetzt? Die generelle Leistung von Anführungszeichen ist eine Distanzmarkierung (→ 6.5.1), wobei vor allem ihre modifizierende Funktion alternativ von typografischen Mitteln übernommen wird. Doch die Aufgaben kursiv gesetzter Passagen sind vielfältiger; sie sollen herausstellen und die Aufmerksamkeit lenken. Wird diese allgemeine Nutzungsweise vielleicht auf die Anführungszeichen übertragen?

7.3 „Den Gedankenstrich findet man auf der Tastatur"

Das sei doch das Zeichen rechts neben dem Punkt. Ebenso könne man Anführungszeichen, Apostroph und spitze Klammern direkt eingeben.

DER WAHRE KERN DIESES MYTHOS ist ein Relikt aus Zeiten der Schreibmaschinen. Verschiedene Zeichen auf Tastaturen sind Ersatzzeichen, die verwendet wurden, wo die Vielfalt der typografischen Zeichen nicht zur Verfügung stand. In Computerschriften sind diese zu unterscheidenden Zeichen zumeist vorhanden, nur lassen sie sich nicht unmittelbar eingeben. Das sollte aber heute kein Grund mehr sein, sie nicht in die Textgestaltung einzubeziehen.

Der begrenzte Platz für Tasten und Typen hatte im Schreibmaschinensatz dazu geführt, bestimmte Zeichen zusammenzufassen, die im Druck normalerweise unterschieden werden. So entstand unter anderem ein Behelfszeichen für die verschiedenen horizontalen Striche, das man heute als *Bindestrich-Minus* (-) kennt. Da auch Computertastaturen nicht beliebig größer werden konnten, finden wir das Zeichen nach wie vor und es ist zum festen Bestandteil des Inventars geworden. Es vereinte die Aufgaben des *Viertelgeviertstrichs*, des *Halbgeviertstrichs* und des *Minuszeichens*, hier zum besseren Vergleich nebeneinander:

(1) - – −

Der **Viertelgeviertstrich** ist das typografische Zeichen (die „Glyphe"), das als Bindestrich, Trennstrich und Ergänzungsstrich gesetzt wird. Der längere **Halbgeviertstrich** steht dagegen u. a. für den *Bis-Strich (ein Tisch für 2–3 Personen)*, den *Gegen-Strich (FC Carl Zeiss Jena – FSV Optik Rathenow)*, den *Streckenstrich (die Entfernung Paris–Moskau)*, als *Spiegelstrich* – und eben als *Gedankenstrich.*

Je nach Voreinstellung ersetzen Textverarbeitungsprogramme das Bindestrich-Minus durch den Halbgeviertstrich, wenn es von zwei Zwischenräumen umgeben ist. Denn das ist das übliche Szenario, in dem entweder Gedankenstrich oder Gegen-Strich zu erwarten sind. Stehen aber wie beim Bis-Strich und beim Streckenstrich keine Zwischenräume, funktioniert das automatische Ersetzen nicht. Man muss dann entweder auf eine Tastenkombination zurückgreifen oder das richtige Zeichen über die Sonderzeichen-Tabelle einfügen.

Anführungszeichen und **Apostroph** haben eine ähnliche Geschichte. Von der Tastatur kennt man nur die Ersatzzeichen, die zugleich für die Maßeinheiten *Zoll, Sekunde* und *Bogensekunde* (") bzw. für *Fuß, Minute* und *Bogenminute*

(') stehen. Sie werden von der Textverarbeitung je nach Spracheinstellungen meist ersetzt durch die „typografischen" Zeichen. Das funktioniert allerdings für den Apostroph nicht immer zuverlässig, sodass mitunter ein schließendes einfaches Anführungszeichen (‘) steht, wo der um 180 Grad gedrehte Apostroph (’) scin sollte.

Aufgabe 7.3 Recherchieren Sie – gern auch in der Wikipedia –, welche Zeichen Sie über die Taste zwischen linker Umschalttaste und Y eigentlich eingeben. In welchem Zusammenhang stehen sie zu den Winkelklammern?

Mit Blick auf gestalterische Möglichkeiten in digitalen Medien kann die Typografie in der Schule ein geeigneter Reflexionsgegenstand sein, der sich gut mit dem Informatikunterricht verbinden lässt: Die Frage, warum die Software bestimmte Zeichen, die man eingibt, ersetzt, kann in Vergangenheit und Zukunft gedruckter und digitaler Texte blicken lassen. Zudem lernt man Normen kennen, die sich im Handgeschriebenen nicht finden.

7.4 „Emojis stellen einen Rückschritt ins Zeitalter der Hieroglyphen dar"

… sagt Scott Fahlman, notabene der Erfinder des Ur-Emoticons :-).[24] *Auch sonst hört man Stimmen, die sich besorgt über den Zustand der Sprache und deren Zukunft äußern. Das sei doch der Beweis für den Verfall der Sprache.*

Der wahre Kern dieses Mythos ist, dass Emojis Bildzeichen sind. Das haben sie mit den Hieroglyphen gemeinsam, die anfangs Bildzeichen waren. Wenn wir uns die Inschriften mit hübschen Bildern von Krügen, Schlangen und Eulen vergegenwärtigen: Sprachen die alten Ägypter denn so häufig über Eulen? Nein. Die späteren Hieroglyphen beziehen sich auf lautliche Einheiten. So entspricht die Eule einer Silbe, die mit [m] beginnt: *mi, ma, mu* … Auch wenn Fahlmans Analogie unzutreffend ist: Bildschriften sind alt. Ist ihr Gebrauch heute deshalb als Rückschritt zu werten?

24 https://digiday.com/marketing/father-emoticon-think-emojis-ugly/ (Zugriff: 26.01.2022).

Zweifellos hat sich mit dem Aufkommen der digitalen Textverarbeitung die Schriftlichkeit verändert. Im öffentlichen Diskurs stehen vorwiegend die sozialen Medien in der Kritik, die angeblich zu einer Abnahme der Sprachfähigkeiten ihrer Nutzerinnen und Nutzer führen. – Gemeint sind damit vor allem die Jugendlichen, obwohl sie mittlerweile längst nicht mehr die einzige Nutzergruppe sind. Der Topos der sprachfaulen Jugend und der bedrohten Sprache ist alt: Mit der Sprache ging es schon immer bergab (vgl. dazu Durrell 2014). Wenn er etwas beweist, dann das, dass die Sprache (über-)lebt.

Ein grundsätzlicher Unterschied zwischen dem herkömmlichen Schreiben und der Schriftnutzung in den sozialen Medien hat mit der Textfunktion zu tun: Storrer (2014) spricht von *interaktionsorientiertem Schreiben,* das in vielerlei Hinsicht dem mündlichen Gespräch gleicht und sich durch Dialogizität, Situationsgebundenheit, geringe Planung und liberalen Umgang mit Normen auszeichnet.

Es existieren diverse chattypische Ausprägungen, die keine mündliche Entsprechung haben: Inflektive wie **gähn**, **seufz**; Akronyme wie *lol, omg*; nach dem Rebus-Prinzip aufgebaute Schreibweisen wie *gute n8, cu, me2*. Auch das ist übrigens ein sehr altes Schriftprinzip, das den Übergang von Bild- in Alphabetschriften markiert.

Die Situationsgebundenheit und (virtuelle) Nähe machen kommunikative Signale, die Mündlichkeit nachbilden, naheliegend. Dazu gehören: Großbuchstaben zur Signalisierung der Lautstärke; langgezogene Vokale, die Nachdruck verleihen (*looos!, gäähn!, waaas?*); Binnengroßschreibung zur Betonung (*das ist ja WAHNsinn!*) und natürlich die Emojis.

Deren Funktionen sind zu vielfältig, als dass wir sie hier ausführlich darstellen könnten. Sie umfassen (vgl. Albert 2015; Pappert 2017):

- Ersatz des Lexems mit Bild: *Heute scheint die* ☼.
- Ausdruck von Gefühlen mittels mimetischer Signale: 😀, 😖 etc.
- Kommentierung/Relativierung von Äußerungen (z. B. Ironie): 😉
- Strukturierung von Äußerungen

Der letzte Aspekt ist mit Blick auf die Zeichensetzung besonders interessant. In dieser Funktion ersetzen Emojis die Satzzeichen, und zwar die unmarkierten. Sie können Ihren eigenen Chatverlauf überprüfen: Wie häufig steht am Ende kein Punkt, sondern ein Emoji? Weshalb bleiben Ausrufe- und Fragezeichen bestehen? Die Datenlage zeigt, dass die Markierungen dem bekannten Muster folgen. Auch die Nutzung der Ausrufezeichen regt zur Reflexion an: Der Punkt am Ende einer Äußerung wie bspw. *Danke* scheint in Chatkontexten geradezu unhöflich. Das Ausrufezeichen nimmt die Nüchternheit und wer sich nachdrücklich zeigen möchte, multipliziert sie. Diese Nutzung ist alles andere als arbiträr, sie folgt netzspezifischen Gepflogenheiten, die sich aus dem Handlungswissen ganz selbstverständlich ergeben. Auch hier gilt, was längst zur Maxime dieses Bandes geworden ist: Es lohnt sich, Handlungswissen durch Reflexion an die Oberfläche zu holen: *Sprachbewusstheit* erlaubt es, die eigenen Fähigkeiten in ein differenziertes Verhältnis zur Norm zu setzen.

7.5 „Die Silbentrennung macht der Computer"

Richtig eingestellt, trennen Textverarbeitungsprogramme Wörter am Zeilenende automatisch, um unschöne Sperrungen im Blocksatz zu vermeiden. Das könne der Computer doch zuverlässig, meint man, und man müsse sich nicht weiter darum kümmern. Schließlich seien sture Regeln genau das Richtige für Maschinen, oder nicht?

DER WAHRE KERN DIESES MYTHOS ist, dass Textverarbeitungsprogramme automatische Korrektur- und Trennfunktionen anbieten, die hilfreich, aber nicht perfekt sind. Vertrauen ist also gut, doch Kontrolle ist besser: Wir alle sind in Büchern, Zeitungen und Zeitschriften schon merkwürdigen Trennungen begegnet. Sie sind ein Anzeichen dafür, dass auch mancher Verlag sein Vertrauen ganz in die Hände der Technologie gelegt hat und auf Kontrolle verzichtet.

Die automatische „Silbentrennung", wie sie eine bekannte Office-Software nennt, ist eigentlich ein Mythos im Mythos: Die Trennregeln folgen nämlich zwar grundlegend, aber nicht immer allein der Silbenstruktur. Das funktioniert wie folgt.

- Mehrsilbige Wörter werden nach Sprechsilben getrennt. Dabei steht auf der Folgezeile im Normalfall ein Konsonant. Bei Buchstabenverbindungen, die für einen Konsonanten stehen (*ch*, *sch*, *ph*, *rh*, *sh*, *th* und *ck*), steht die ganze Verbindung auf der neuen Zeile (AR § 107):
  Kis-te, Wer-ke, knusp-rig, Spit-ze, Hop-fen, Wes-pe, Fes-tung, mel-den, Zeich-nung, Lö-win; Bu-ckel, Ni-sche, Lär-che, Pa-thos …
- Einzelne Vokalbuchstaben stehen dabei aber nicht allein auf einer Zeile: *aber* (nicht: a-ber), *Igel* (nicht: I-gel), *Laie* (nicht: Lai-e)

- Komposita und Präfigierungen werden an ihrer Morphemgrenze getrennt (AR § 108):
  Bau-stoff, Reit-hof; Ver-bot, be-stimmt, Aus-gang

Das ist für Menschen relativ leicht intuitiv zugänglich, doch es wird den Textverarbeitungsprogrammen schon mal zum Verhängnis. Denn die silben- und die morphembasierte Regel stehen in Konkurrenz zueinander, wobei letztere Vorrang hat. Schreibende tun sich damit nicht schwer, weil sie die innere Struktur von Wörtern kennen. Fehler passieren ihnen daher eher, wenn sie nicht nur Präfixe, sondern auch Suffixe abtrennen (*Erkält-ung, Lehrer-in*).

Die Software hingegen trennt nach Silben, wenn ihr ein Wort nicht bekannt ist oder sie die Struktur nicht durchschaut. Gerade die Segmentierung von Wortbildungen (Präfigierungen, Komposita) fällt ihr schwer, sofern es zu den Bestandteilen mehrere Möglichkeiten gibt. Menschen wissen dann natürlich, welche zu wählen ist, die Software aber nicht:

(1) *Eist-ruhe, Valentin-stag, Torf-laute, Schweinei-gel, Amt-saufgabe*
(2) *Er-blasser/Erb-lasser, Wach-stube/Wachs-tube; Strei-kende/Streik-ende, Stau-becken/Staub-ecken, Ver-sendung/Vers-endung*

Auch korrekte Trennungen können für Menschen irreführend sein, doch für die Software kein Problem:

(3) *Urin-stinkt, bein-halten, Bitten-gel, Drucker-zeugnis*

Solche Fehltrennungen, die teilweise amüsant, teilweise kaum mehr verständlich sind, können dazu anregen, über den Algorithmus dahinter nachzudenken: Wie kommen sie zustande? Welche Information fehlt dem Trennprogramm? Auf der Suche nach Gründen werden Lernende grammatischen Konzepten wie Wort, Morphem und Silbe wiederbegegnen. So eingebunden, bleiben diese Begriffe nicht beliebig. Sie helfen, sich über ein konkretes Phänomen zweier Welten zu verständigen, der analog-handschriftlichen und der digital-automatisierten. Zugleich wird klar, worin der Mensch einzigartig und nicht so leicht von der Technologie nachzuahmen ist: in seiner Fähigkeit zur Sprache.

Eine weitere und letzte Trennregel veranschaulicht darüber hinaus den gesellschaftlichen Stellenwert, den Rechtschreibung auch haben kann und an dem sich Sprachgebrauch gut reflektieren lässt: Bei Fremdwörtern, deren morphologischer Aufbau ohne Kenntnis der Herkunftssprache nicht mehr transparent ist, lässt das AR (§ 113) sowohl eine Trennung nach Sprechsilben als auch eine nach der Etymologie zu.

(4) Grundlage Sprechsilbe:
Helikop-ter, Pä-dagogik, Chi-rurg

(5) Grundlage Etymologie:
Heliko-pter, Päd-agogik, Chir-urg

Der Worttrennung kann dadurch eine intellektualistische Distinktionsfunktion (Bourdieu 1982) zukommen, die auch genutzt wird: Unter anderem die *Neue Zürcher Zeitung* verwendet die Varianten in (5). Das ist kein Zufall. – Auch sie will damit Zeichen setzen.

Lösungshinweise zu den Aufgaben

Kapitel 2

2.1 Prosodisches wie *Intonation*, *Akzente*, *Sprechpausen*, *Sprechtempo*, *Rhythmus*; begleitende *Mimik* und *Gestik*; Deixis der Äußerungssituation.

2.2 Beispiele: Schriftlicher Austausch hat und braucht *mehr Zeit*, was Schriftliches oft *präziser* macht bzw. machen muss. Schrift *segmentiert* optisch, was im Gesprochenen ein *lautliches Kontinuum* ist. Geschriebenes kann *monologischere* Züge haben … Für Weiteres siehe z. B. Dürscheid (2012: 24 ff.).

2.3 § 67 → grammatisches Prinzip; § 67 E1 und E2 → semantisch-pragmatisches Prinzip; § 67 E3 → ästhetisches Prinzip; § 68 → ästhetisches Prinzip; § 80 → semantisch-pragmatisches Prinzip; §§ 85, 88 und 92 → ästhetisches Prinzip in Verbindung mit dem grammatischen (grammatische Einheit Satz ist ausreichend erkennbar); § 100 → ästhetisches Prinzip; § 101 → am ehesten semantisch-pragmatisches Prinzip, und zwar als „Hebe Unnötiges nicht unnötig hervor“ (Alternative: Lautprinzip, und zwar als Hinweis „Phonem-Graphem-Korrespondenz gilt hier nicht.“); § 102 → Lautprinzip und zum Teil ästhetisches Prinzip; § 103 → ästhetisches Prinzip; § 104 → Lautprinzip; § 105 → ästhetisches Prinzip.

2.4 Grundregel § 67 zum Punkt als Satzzeichen, dazu § 67 E1–3 sowie §§ 68, 85, 88, 92, 100, 103 und 105 als direkte Unterregeln. Grundregel § 101 zum Punkt als Wortzeichen, dazu § 102 als (unechte) Unterregel mit (unechten) Unterunterregeln (E1 und E2).

2.5 *Schrägstrich* sowie die weiteren Verwendungsweisen des Halbgeviertstrichs (= typografisches Zeichen, das auch als Gedankenstrich verwendet wird, → 7.3) für Ausdehnungen (*Streckenstrich* und *Bis-Strich*) und Gegensätze (*Gegen-Strich*). Diese Zeichen gehören nicht in die Übersicht, weil sie Begriffszeichen sind und beim Vorlesen meist als Wort gesprochen werden. Beispiele: *die Verbindung Jena–Weimar–Erfurt* (von … über …

nach); *12–14 Uhr* (bis). Außerdem fehlen Zeichen aus Spezialanwendungen wie mathematische Operatoren, verschiedene Klammern u. Ä.

2.6 Großschreibung am Satzanfang; Wortzwischenräume.

2.7 Klammern in (a): Vernachlässigbarkeit der Textstelle; Ausrufezeichen in (b): Kennzeichnung als Warnung (Nachdruck).

Kapitel 3

3.1 Siehe die Erklärung im Text unter der Aufgabe. Zum Ziel des Übens: Durch Erfahrungen (hier mit Brotteigen) versteht man erst, was die Regel (hier die Mengenanweisung zum Wasser) meint. In der Folge lässt sich die Bedeutung ähnlicher Regeln leichter erschließen. Ziel ist also nicht, ohne Rezepte auszukommen, sondern Rezepte generell mit weniger Fehlversuchen umzusetzen.

3.2 Das Ergebnis ist immer, dass man die Anleitung erst versteht, wenn man ihren Gegenstand schon beherrscht.

3.3 Was wie ein Rückschritt aussieht, ist eigentlich ein Lernfortschritt: Hat das Kind bislang das Lautprinzip umgesetzt, erkennt es nun orthografische Alternativen und probiert sie aus. Grundschullehrkräfte kennen das: Unvermittelte – häufig nicht normgerechte – Verwendung von Dehnungs-*h*, experimentelle Großschreibung oder Zeichensetzung. Sie sind nicht grundsätzlich ein Indikator für Lernschwierigkeiten, sondern signalisieren vielmehr, dass nun der Zeitpunkt gekommen ist, die Regularitäten zu thematisieren. Nur wenn sie gemessen an der durchschnittlichen Lernentwicklung nicht wieder verschwinden, werden zusätzliche Maßnahmen notwendig, die den Aneignungsprozess mit gezieltem Übungsangebot steuern.

3.4 Aussprache (dialektal – standardnah); Einstellungen zu verschiedenen Dialekten; Wörter, „die man nicht sagt" (Jugendwörter, Tabuwörter …); falsche Apostrophschreibung (→ 7.1); abweichende Schreibweisen bei Chatnachrichten (→ 7.4); Dativ/Genitiv nach *wegen*; stilistische Unterschiede usw.

3.5 Tritt dieser Fehler systematisch auf, ist zu vermuten, dass eine Eigenregel gebildet wurde, die Kommas vor *und* generell ausschließt (→ 5.6). Hier kann die explizite Regel, dass das schließende Komma des Nebensatzes wichtiger ist, als Handlungsanleitung nützlich sein und ein korrektives Erfahrungslernen anstoßen.

3.6 Die Übung fokussiert keine Teilkompetenzen: 1. Kommas bei Nebensätzen (1, 2, 4, 6) werden mit Kommas bei Nachträgen (5) und mit Wendungen ohne Reihungskomma (3) gemischt. 2. Sowohl eingeschobene (4) als auch nachgestellte Nebensätze (1, 2, 6) kommen vor. 3. Eine weitere Erschwernis sind die zusammengezogenen Nebensätze in (1) und (6).
Bereits der Merksatz ist irreleitend und insgesamt nichtssagend, denn er formuliert gar keine Regel: Er benennt nur, wo das Komma vielleicht stehen könnte, doch wo genau es letztlich stehen muss, weiß nur, wer die Kommasetzung bereits beherrscht.

Kapitel 4

4.1 Wissen kann einerseits Handlungswissen, andererseits deklaratives Wissen bedeuten, → 3.1. Im ersteren Kontext geht es um die Repräsentation in der mentalen Grammatik, also darum, dass Nebensätze ohne Nachdenken verwendet werden. Im zweiten Kontext geht es um explizites Wissen über Nebensätze.

4.2 Befremdlich ist, dass die Aussage selbst zeigt, dass die Grammatik beherrscht wird. Das eigentliche Sprachwissen ist also vorhanden, die Aussage bezieht sich auf eine sehr enge Definition von Grammatik, nämlich auf das explizite Schulwissen, das weitgehend ein Begriffswissen ist.

4.3 Die Weglassbarkeit hängt mit dem Satzgliedwert und mit der Abhängigkeit vom Verb (Valenz) zusammen. So sind z. B. Subjektsätze nie weglassbar. Vgl. Duden 4 (2016: 1040) zum Terminus „Ergänzungsnebensatz".

4.4. *a.* Nachgestellte Erläuterung: Die Heinzelmännchen, klein und flink, verschwinden vor Tagesanbruch. *b.* Kommas nur, wenn als Nachtrag verstanden: Ihre Verwandtschaft mit den Zwergen kann anhand von typischen

Attributen(,) wie Zipfelmütze und Fleiß(,) festgestellt werden. *c.* Lockere Apposition: „Heinzelmännlein" war früher auch eine Bezeichnung für die Alraune, eine alte Gift- und Heilpflanze. *d.* Kommas nur, wenn als Zusatz verstanden: Der Wurzel sagte man(,) wegen ihrer menschenähnlichen Form(,) Zauberkräfte nach.

4.5 Veränderung der Reihenfolge mit der Umstellprobe (Verschiebeprobe); weglassbare Angaben (z. B. Orts- oder Zeitangaben), wohingegen die Aktanten als Ergänzungen Teil des unverzichtbaren Satzgerüsts sind; die Anzahl der möglichen Ergänzungen variiert: Verben können ein- (Bsp.: *lachen*), zwei- (Bsp.: *singen*) oder dreiwertig (Bsp.: *geben*) sein. Auch abhängig von ihrer Semantik sind unterschiedliche Fragen möglich: Wohin? (bei *stellen*); Wo? (bei *wohnen*).

4.6 Legende: Vorfeld **Linke Satzklammer** *Mittelfeld* **Rechte Satzklammer**

a. Als die Heinzelmännchen alles geputzt hatten, **klingelte** *auch schon der Wecker.*
   Ebene Nebensatz: **Als** *die Heinzelmännchen alles* **geputzt hatten**
b. Wie ein laut polternder Klabautermann **kam** *mein Nachbar die Treppe* **hinauf**.
c. **Hat** *der Lärm der Siebenschläfer endlich* **aufgehört**?
d. Im Gegensatz zu letzter Nacht **sahen** *die furchterregenden Vampire bei Tageslicht wie ganz normale Fledermäuse* **aus**.
e. **Wirf** *den Knoblauch ja nicht* **weg**!
f. Die mit der Segelschifffahrt eng verbundene Figur des lärmenden, polternden, Bretter werfenden Klabautermannes **wurde** *auch in literarische Texte* **aufgenommen**.

Kapitel 5

5.1 *Grammatisches* und *ästhetisches Prinzip*: Der „grammatische Aufbau" ist bereits deutlich, also wird ein „verwirrendes Schriftbild", das aus einer Überkennzeichnung entstünde, vermieden. In (1) und (2) wirkt das grammatische Prinzip stärker (durch optische Herausstellung von Überschrift/Titel gilt Zeilenende = Strukturgrenze), in (3) und (4) eher das ästhetische.

5.2 *Kompetenz 1:* b, f, g; *Kompetenz 2:* d, e, h; *Kompetenz 3:* a, c.

5.3 *Einfaches Komma:* a, c; *paariges Komma:* b, d, e, f, g, h.

5.4 *Tilgungsregel 1:* g; *Tilgungsregel 2:* e, f, h; *Tilgungsregel 3:* a, e, g, h.

5.5 *Zu Regel 1:* Zu berücksichtigen sind die Stellungsvarianten von Nebensätzen im übergeordneten Satz. Beispiele sollten je einen Nebensatz im Vorfeld, im Mittelfeld und im Nachfeld zeigen: (a) Wenn du ganz leise bist, kannst du viele Tiere beobachten. (b) Du kannst, wenn du ganz leise bist, viele Tiere beobachten. (c) Du kannst viele Tiere beobachten, wenn du ganz leise bist. *Zu Regel 2:* Zusätze/Nachträge können eingeschoben oder nachgestellt auftreten, nicht aber vorangestellt: (a) Siebenschläfer werden erst spät im Jahr aktiv, und zwar ab Mai. (b) Erst spät im Jahr, und zwar ab Mai, werden die Siebenschläfer aktiv. *Zu Regel 3:* Beispiele sollten keine Konjunktion enthalten und nicht nur Wortreihungen zeigen, sondern auch Satzverbindungen: (a) Gartenschläfer fressen Obst, Samen, Knospen, Weinbergschnecken. (b) Anna fotografiert die Tiere, Julius will sie lieber einfangen. *Zu Regel 3+:* Es sollten verschiedene Konjunktionen dieses Typs gezeigt werden: (a) Gartenschläfer fressen Obst und Samen sowie Weinbergschnecken oder andere kleine Tiere. (b) Sie beginnen den Winterschlaf, wenn die Tage kürzer werden und wenn die Temperaturen sinken. *Zu Regel 3++:* Auf die Optionalität kann durch Klammern aufmerksam gemacht werden: (a) Anna fotografiert die Tiere(,) und Julius will sie einfangen. (b) Der Gartenschläfer frisst Früchte(,) oder er fängt kleine Tiere.

5.6 *a:* 3, 3+, 1; *b:* 0; *c:* 3; *d:* 3++; *e:* 0, 3, 1; *f:* 2, 2, 3+, 2; *g:* 1, 0; *h:* 3, 3+, 1, 0; *i:* 3, 3+, 0, 1; *j:* 1.

5.7 *Nach AR obligatorisch:* a, d, i, j; *nach AR fakultativ:* b, c, e, f, g, h; *satzwertig (Komma sinnvoll):* a, c, d, f, i, j; *nicht satzwertig (Komma nicht sinnvoll):* b, e, h; *Satzwertigkeit möglich (am Beispiel nicht erkennbar):* g.

5.8 *a:* 2; *b:* 1; *c:* 3+; *d:* 2; *e:* 3+.

5.9 *a:* 0/3; *b:* 0; *c:* 0; *d:* 3; *e:* 0/3; *f:* 0; *g:* 0.

5.10 Keines.

Kapitel 6

6.1 *Werktitel, Überschriften usw.:* „Kleiner Mann – was nun?“ (Hans Fallada, 1932); „Keine Macht den Doofen!“ (Michael Schmidt-Salomon, 2012); aber: „Einer flog über das Kuckucksnest“ (Film von Miloš Forman, 1975). *Zitierte Ausdrücke* wie Sprichwörter oder andere satzartige feste Wendungen: *Unter dem Motto „Krieg den Palästen!“ zogen die Demonstrierenden durch die Straßen. Hat der bekannte Pfadfinderspruch „Einer für alle, alle für einen“ heutzutage ausgedient?*

6.2 Klammer und Gedankenstrich sind Konkurrenten des Kommas, das den Zusatz/Nachtrag abgrenzt. Dieses wird getilgt, wenn an der gleichen Stelle auch ein Nebensatzkomma steht. Klammer und Gedankenstrich werden als markierte Grenzsignale jedoch nicht getilgt. In der Folge bleibt sowohl das Nebensatzkomma als auch das schließende markierte Zeichen erhalten.

6.3 Zuerst ist zu prüfen, ob eine Lesart als Zusatz/Nachtrag wirklich beabsichtigt ist. Das ist in (a) schon unwahrscheinlich, in (b) noch unwahrscheinlicher, denn auf den Inhalt des Ausgegrenzten wird im Folgesatz Bezug genommen. In (c) kommt eine solche Lesart von vornherein nicht infrage. Das können die stärker abgrenzenden Klammern entdecken lassen, denn sie würden wohl nicht gesetzt. Ferner wäre auf fehlerhafte Eigenregeln (Signalwortstrategie) zu prüfen und das Satzkonzept noch einmal in den Fokus zu nehmen.

6.4 Der Ausdruck ist keine echte Entschuldigung, sondern ein rhetorisches Mittel, das schon herablassend wirkt. Die Widerlegung wird als nicht anzuzweifeln hingestellt. Das wird besonders durch den unmarkierten Punkt unterstützt, ganz nach dem Motto: „Einen Nachdruck muss ich dem nicht geben.“

6.5 Die Schülerfrage ist dahingehend zu interpretieren, dass die Satzart erkannt wird und eine (vermeintliche) Norm bekannt ist, dass am Schluss von Befehlssätzen ein Ausrufezeichen stehen muss. Die Frage offenbart die Unsicherheit des Schreibers, ob diese „Norm" im konkreten Fall wirklich zutrifft. Er scheint zu merken, dass Ausrufezeichen in solchen Kontexten unüblich/unhöflich sind.

6.6 Jede der Optionen ist prinzipiell möglich. Sie vermitteln dem Leser oder der Leserin aber unterschiedliche Vorstellungen vom Geschehen. In (a) wird der Fragecharakter herausgehoben, in (b) die mit dem Ärger verbundene Lautstärke und Heftigkeit. Die Interpunktion in (a) und (c) kann auch dahingehend verstanden werden, dass Lea gar nicht ihr Gegenüber zur Ruhe ermahnt, sondern ihrem Verdruss still vor sich hin Luft macht.

6.7 (a) *Die Kundin wetterte: „Können Sie nicht aufpassen?"* (Muster 1, alternativ denkbar: Ausrufezeichen); (b) *Im Satz „Maria gefällt die Fahrt" steht „Maria" im Dativ.* (Kennzeichnung metasprachlicher Ausdrücke); (c) *Der Ertrinkende schrie: „Hilfe!", aber niemand hörte ihn.* (Muster 4); (d) *„Du bist mir aber einer", brummte Leo kopfschüttelnd.* (Muster 2, alternativ: Ausrufezeichen); (e) *Wir haben uns gefragt, ob man „Nathan der Weise" heute noch kennt.* (Kennzeichnung von Werktiteln); (f) *Bei Fragen wenden Sie sich bitte an den Empfang.* (Höfliche Aufforderung ohne besonderen Nachdruck, Befolgung kann vorausgesetzt werden.); (g) Verschiedene Möglichkeiten sind denkbar: *Die Königin der Nacht fühlte sich mal wieder „unpässlich".* (Kennzeichnung von Zweifel); *Die „Königin der Nacht" fühlte sich mal wieder „unpässlich".* (Hervorhebung signalisiert den besonderen Gebrauch: Man bezeichnet die Sängerin mit der Rolle, die sie verkörpert); *Die „Königin der Nacht" fühlte sich mal wieder unpässlich.* (*„Königin der Nacht"* signalisiert Ironie); (h) *Bei der Befragung konnte sich der Angeklagte „nicht erinnern".* (Ohne Anführungszeichen: neutrale Wiedergabe; mit Anführungszeichen, konventioneller Gebrauch: Kenntlichmachung der direkten Rede; mit Anführungszeichen, modalisierender Gebrauch: signalisiert Vorbehalt.)

Kapitel 7

7.1 Die Schreibungen lassen auf eine Sensibilität für Wortstämme und ein Bedürfnis, diese vom Rest des Wortes zu trennen, schließen. Abgegrenzt werden Flexionsendungen (Plural bzw. Genitiv). Besonders funktional wirkt die Schreibung bei (3), wo der Apostroph die Grenze zwischen zwei „Schreibtechniken" anzeigt: Man wechselt vom Buchstabieren zurück zur Phonemschreibung.

7.2 Die Bezeichnungen sind verkappte *Ad-hominem-Argumente* (= auf die Person statt auf die Sache gerichtete Argumente). Indem sie vorwegnehmen, was als dumm oder klug zu gelten hat, versuchen sie, „erlaubte" Deutungshorizonte im Sinne eines *Framings* zu begrenzen. Das Motto lautet: „Wer das anders sieht oder anders handelt, versteht die Sache nicht." Sie gehören damit zu den typischen *rhetorischen Scheinargumenten*, die unbefangenes logisches Schließen erschweren (sollen).

7.3 Es handelt sich um die Zeichen für „kleiner als" < bzw. „größer als" >. Die spitzen Klammern (= Winkelklammern) sind davon zu unterscheiden: ⟨...⟩ Sie können am Computer nicht direkt eingegeben werden. In der technischen Anwendung wie etwa bei Programmiersprachen werden die mathematischen Vergleichszeichen teilweise im Sinne von Klammern genutzt.

Literatur

Afflerbach, Sabine (1997): *Zur Ontogenese der Kommasetzung vom 7. bis zum 17. Lebensjahr. Eine empirische Studie.* Frankfurt am Main [u. a.]: Peter Lang.

Andresen, Helga / Funke, Reinhold (2003): Entwicklung sprachlichen Wissens und sprachlicher Bewusstheit. In: Ursula Bredel u. a. (Hrsg.): *Didaktik der deutschen Sprache. Ein Handbuch.* Band 1. Paderborn [u. a]: Schöningh, 438–451.

Albert, Georg (2015): Semiotik und Syntax von Emoticons. In: *Zeitschrift für angewandte Linguistik* 62/1, 3–22.

[AR] Amtliches Regelwerk 2018 = *Deutsche Rechtschreibung. Regeln und Wörterverzeichnis. Aktualisierte Fassung des amtlichen Regelwerks entsprechend den Empfehlungen des Rats für deutsche Rechtschreibung 2016.* Mannheim. [Online: https://www.rechtschreibrat.com/DOX/rfdr_Regeln_2016_redigiert_2018.pdf, Zugriff, 26.01.2022].

Augst, Gerhard / Dehn, Mechthild (2011): *Rechtschreibung und Rechtschreibunterricht. Eine Einführung für Studierende und Lernende aller Schulformen.* 3., überarbeitete und aktualisierte Auflage. Stuttgart/Leipzig: Klett.

Baudusch, Renate (1980): Zu den sprachwissenschaftlichen Grundlagen der Zeichensetzung. In: Dieter Nerius / Jürgen Scharnhorst (Hrsg.): *Theoretische Probleme der deutschen Orthographie.* Berlin: Akademie-Verlag, 193–230.

Bourdieu, Pierre (1982): *Die feinen Unterschiede. Kritik der gesellschaftlichen Urteilskraft.* Übersetzt von Bernd Schwibs und Achim Russer. [Orig.: La Distinction. Critique sociale du jugement, 1979]. Frankfurt am Main: Suhrkamp.

Bredel, Ursula (2005): Warum ein „Künstler" kein Künstler ist. In: *Praxis Deutsch* 191, 48–51.

Bredel, Ursula (2008): *Die Interpunktion des Deutschen. Ein kompositionelles System zur Online-Steuerung des Lesens.* Tübingen: Niemeyer.

Bredel, Ursula (2010): Strukturfunktionale Betrachtung des Interpunktionssystems am Beispiel des Erwerbs des Ausrufezeichens. In: Ursula Bredel / Astrid Müller / Gabriele Hinney (Hrsg.): *Schriftsystem und Schrifterwerb: linguistisch – didaktisch – empirisch.* Berlin/New York: De Gruyter, 265–281.

Bredel, Ursula (2016): Interpunktion: System und Erwerb. In: Ralph Olsen / Christiane Hochstadt / Simona Colombo-Scheffold (Hrsg.): *Ohne Punkt und Komma … Beiträge zu Theorie, Empirie und Didaktik der Interpunktion.* Berlin: Rabenstück, 18–50.

Brinkmann, Erika (2015): Wie eignen sich Kinder die Rechtschreibung an? In: Erika Brinkmann (Hrsg.): *Rechtschreiben in der Diskussion – Schriftspracherwerb und Rechtschreibunterricht.* Frankfurt am Main: Grundschulverband, 164–174.

Damasio, Antonio (1994): *Descartes' Error: Emotion, Reason and the Human Brain.* New York: G. P. Putnam Publishing.

Dehn, Mechthild (2007): *Kinder & Lesen und Schreiben: Was Erwachsene wissen sollten.* Stuttgart: Klett.

Duden 4 (2016) = *Die Grammatik.* 9., vollständig überarbeitete und aktualisierte Auflage. Herausgegeben von Angelika Wöllstein und der Dudenredaktion. Berlin: Dudenverlag.

Durrell, Martin (2014): Mit der Sprache ging es immer schon bergab: Dynamik, Wandel und Variation aus sprachhistorischer Perspektive. In: Albrecht Plewnia / Andreas Witt / Martin Durrell (Hrsg.): *Sprachverfall? Dynamik – Wandel – Variation.* Berlin/Boston: De Gruyter, 11–32.

Dürscheid, Christa (2012): *Einführung in die Schriftlinguistik. Mit einem Kapitel zur Typographie von Jürgen Spitzmüller.* 4., überarbeitete und aktualisierte Auflage. Göttingen: Vandenhoeck & Ruprecht.

Eichler, Wolfgang (1976): Zur linguistischen Fehleranalyse von Spontanschreibungen bei Vor- und Grundschulkindern. In: Adolf Hofer (Hrsg.): *Lesenlernen: Theorie und Unterricht.* Düsseldorf: Schwann, 246–264.

Eichler, Wolfgang (1991): Nachdenken über das richtige Schreiben. Innere Regelbildung und Regelfehlbildung im Orthographieerwerb. In: *Diskussion Deutsch* 117, 34–44.

Eichler, Wolfgang (1993): Innere Regelbildung und benutzerfreundliche Orthographie im Unterricht ab Klasse 3 und der Sek. 1. In: Heiko Balhorn / Hans Brügelmann (Hrsg.): *Bedeutungen erfinden – im Kopf, mit Schrift und miteinander.* Konstanz: faude, 308–315.

Eichler, Wolfgang / Küttel, Hartmut (1993): Eigenaktivität, Nachdenken und Experiment – zur inneren Regelbildung im Erwerb der Zeichensetzung. In: *Diskussion Deutsch* 129, 35–44.

Eichler, Wolfgang / Thomé, Günther (1995): Bericht aus dem DFG-Forschungsprojekt „Innere Regelbildung im Orthographieerwerb im Kindesalter". In: Hans Brügelmann / Heiko Balhorn / Iris Füssenich (Hrsg.): *Am Rande der Schrift: Jahrbuch 6 der Deutschen Gesellschaft für Lesen und Schreiben.* Lengwil: Libelle, 35–42.

Fabricius-Hansen, Cathrine / Solfjeld, Kåre / Pitz, Anneliese (2018): *Der Konjunktiv. Formen und Spielräume.* Tübingen: Stauffenburg.

Fuhrhop, Nanna (2015): *Orthografie.* 4., aktualisierte Auflage. Heidelberg: Universitätsverlag Winter.

Gallmann, Peter (1985): *Graphische Elemente der geschriebenen Sprache.* Tübingen: Niemeyer.

Gallmann, Peter (2016): *Die m-Verschwörung: Zum Abbau der starken Deklinationsendung -em.* Universität Jena: Manuskript. [Online: gallmann.uni-jena.de/Wort/Wort_NP_m_Schwaeche.pdf; Zugriff: 26.01.2022]

Gallmann, Peter / Sitta, Horst (1996): *Handbuch Rechtschreiben.* Zürich: Lehrmittelverlag des Kantons Zürich.

Granzow-Emden, Matthias (2019): *Deutsche Grammatik verstehen und unterrichten.* 3., überarbeitete und erweiterte Auflage unter Mitarbeit von Johannes Luber. Tübingen: Narr Francke Attempto.

Günther, Hartmut (2007): Der Vistembor brehlte dem Luhr Knotten auf den bänken Leuster – Wie sich die Fähigkeit zur satzinternen Großschreibung entwickelt. In: *Zeitschrift für Sprachwissenschaft* 26, 155–179.

Heyse, Johann Christian August (1849): *Theoretisch-praktische deutsche Grammatik oder Lehrbuch der deutschen Sprache.* 5., völlig umgearbeitete und sehr vermehrte Ausgabe. 2. Band. Hannover.

Heuer, Walter / Flückiger, Max / Gallmann, Peter (2021): *Richtiges Deutsch. Vollständige Grammatik und Rechtschreiblehre.* 33. Auflage. Zürich: Verlag Neue Zürcher Zeitung.

Ise, Elena / Engel, Rolf R. / Schulte-Körne, Gerd (2012): Was hilft bei der Lese-Rechtschreibstörung? In: *Kindheit und Entwicklung* 21/2, 122–136.

Kattmann, Ulrich / Duit, Reinders / Gropengießer, Harald / Komorek, Michael (1997): Das Modell der Didaktischen Rekonstruktion – Ein Rahmen für naturwissenschaftliche Forschung und Entwicklung. In: *Zeitschrift für Didaktik der Naturwissenschaften* 3/3, 3–18.

Kauschke, Christina (2012): *Kindlicher Spracherwerb im Deutschen. Verläufe, Forschungsmethoden, Erklärungsansätze.* Berlin/Boston: De Gruyter.

Kirchhoff, Frank (2017): *Von der Virgel zum Komma. Die Entwicklung der Interpunktion im Deutschen.* Heidelberg: Universitätsverlag Winter.

Klockow, Reinhard (1980): *Die Linguistik der Gänsefüßchen. Untersuchungen zum Gebrauch der Anführungszeichen im gegenwärtigen Deutsch.* Frankfurt am Main: Haag + Heerchen.

Krafft, Andreas (2016): „Einfach nach Gefühl ...“ Zur Interpunktionskompetenz von Lehramtsstudierenden am Beispiel des Kommas. In: Ralph Olsen / Christiane Hochstadt / Simona Colombo-Scheffold (Hrsg.): *Ohne Punkt und Komma ... Beiträge zu Theorie, Empirie und Didaktik der Interpunktion.* Berlin: Rabenstück, 138–156.

Lindauer, Thomas (2015): Das Komma zwischen Verbgruppen setzen. In: Ursula Bredel / Thilo Reißig (Hrsg.): *Weiterführender Orthographieerwerb.* Baltmannsweiler: Schneider Verlag Hohengehren, 601–609.

Lindauer, Thomas / Schmellentin, Claudia (2019): *Die wichtigen Rechtschreibregeln. Handbuch für den Unterricht.* 7., überarbeitete Auflage. Zürich: orell füssli.

Lindauer, Thomas / Sutter, Elisabeth (2005): Könige, Königreiche und Kommaregeln. In: *Praxis Deutsch* 191, 28–35.

LinguS-Band 3 = Jäger, Agnes / Böhnert, Katharina (2018): *Sprachgeschichte.* Tübingen: Narr Francke Attempto.

LinguS-Band 5 = Geilfuß-Wolfgang, Jochen / Ponitka, Sandra (2020): *Der einfache Satz.* Tübingen: Narr Francke Attempto.

LinguS-Band 7 = Steinig, Wolfgang / Ramers, Karl Heinz (2020): *Orthografie.* Tübingen: Narr Francke Attempto.

LinguS-Band 10 = Tracy, Rosemarie / Gawlitzek, Ira (in Vorb.): *Mehrsprachigkeit.* Tübingen: Narr Francke Attempto.

LinguS-Band 13 = Averintseva-Klisch, Maria / Froemel, Steffen (in Vorb.): *Der komplexe Satz.* Tübingen: Narr Francke Attempto.

Lotze, Stefan / Geipel, Maria / Gallmann, Peter (2016): Das Komma: Gewichtete syntaktische Regeln. In: Ralph Olsen / Christiane Hochstadt / Simona Colombo-Scheffold (Hrsg.): *Ohne Punkt und Komma ... Beiträge zu Theorie, Empirie und Didaktik der Interpunktion.* Berlin: Rabenstück, 52–76.

Maas, Utz (1992). *Grundzüge der deutschen Orthographie.* Tübingen: Niemeyer.

Metz, Kerstin (2016): Die Kommasetzung und ihre Vermittlung in aktuellen Schulbüchern. In: Ralph Olsen / Christiane Hochstadt / Simona Colombo-Scheffold (Hrsg.): *Ohne Punkt und Komma … Beiträge zu Theorie, Empirie und Didaktik der Interpunktion.* Berlin: Rabenstück, 263–296.

Müller, Hans Georg (2007): *Zum „Komma nach Gefühl". Implizite und explizite Kommakompetenz von Berliner Schülerinnen und Schülern im Vergleich.* Frankfurt am Main [u. a.]: Peter Lang.

Müller, Claudia (2015): Sprachliches Wissen von Kindern am Schriftanfang. Anmerkung zu dem Konstrukt „Phonologische Bewusstheit". In: Christa Röber / Helena Olfert (Hrsg.): *Schriftsprach- und Orthographieerwerb: Erstlesen, Erstschreiben.* Baltmannsweiler: Schneider Hohengehren, 140–162.

Nerius, Dieter (2009): Müller, Hans-Georg. 2007. Zum „Komma nach Gefühl". Implizite und explizite Kommakompetenz von Berliner Schülerinnen und Schülern im Vergleich. In: *Zeitschrift für Rezensionen zur germanistischen Sprachwissenschaft* 1/2, 215–217.

Nottbusch, Guido / Jonischkait, Julia (2015): Einzeluntersuchungen zur GKS, GZS und Interpunktion. In: Ursula Bredel / Thilo Reißig (Hrsg.): *Weiterführender Orthographieerwerb.* Baltmannsweiler: Schneider Verlag Hohengehren, 164–187.

Pappert, Steffen (2017): Zu kommunikativen Funktionen von Emojis in der WhatsApp-Kommunikation. In: Michael Beißwenger (Hrsg.): *Empirische Erforschung internetbasierter Kommunikation.* Berlin/Boston: De Gruyter, 175–212.

Primus, Beatrice (1993): Sprachnorm und Sprachregularität: Das Komma im Deutschen. In: *Deutsche Sprache* 3, 244–263.

Primus, Beatrice (1996): Syntaktische Determination statt rhetorischer Freiheit: Das Komma im Deutschen und Rumänischen. In: Konrad Ehlich (Hrsg.): *Interpunktionen.* Tübingen: Stauffenburg, 141–167.

Primus, Beatrice (2007): The typological and historical variation of punctuation systems: Comma constraints. In: *Written Language and Literacy* 10/2, 103–128.

Röber-Siekmeyer, Christa (1999): *Ein anderer Weg zur Groß- und Kleinschreibung.* Düsseldorf: Klett-Grundschulverlag.

Ryle, Gilbert (2015): *Der Begriff des Geistes.* [Orig.: The concept of mind, 1949; dt. Erstausgabe: 1969] Stuttgart: Reclam.

Schmellentin, Claudia / Lindauer, Thomas (2019): Lernorientierte Rechtschreibkorrektur – Plädoyer für einen systematischen Umgang mit Rechtschreibfehlern. In: *leseforum.ch* 3, 1–12.

Schönenberg, Stephanie (2011): Problemfall Verbklammer? Der Klammermann als Basismodell der Satzlehre. In: *Praxis Deutsch* 226, 12–19.

Storrer, Angelika (2014): Sprachverfall durch internetbasierte Kommunikation? Linguistische Erklärungsansätze – empirische Befunde. In: Albrecht Plewnia / Andreas Witt / Martin Durrell (Hrsg.): *Sprachverfall? Dynamik – Wandel – Variation.* Berlin/Boston: De Gruyter, 171–196.

Tesnière, Lucien (1980): *Grundzüge der strukturalen Syntax* [Orig. 1965: Eléments de syntaxe structurale]. Übersetzt von Ulrich Engel. Stuttgart: Klett-Cotta.

Thomé, Günther (1989): Rechtschreibfehler und Orthographie. In: *Der Deutschunterricht* 6, 29–38.

Thomé, Günther (2001): Das Eisberg-Phänomen. Manchmal kann ein Rückschritt ein Fortschritt sein. In: *Die Grundschulzeitschrift* 144, 42–43.

Thomé, Günther (2019): *Deutsche Orthographie. Historisch, systematisch, didaktisch: Grundlagen der Wortschreibung.* 2., verbesserte Auflage. Oldenburg: Institut für Sprache und Bildung.

Truss, Lynne (2003): *Eats, Shoots & Leaves: The Zero Tolerance Approach to Punctuation.* London: Profile Books.

Weigl, Egon (1976): Schriftsprache als besondere Form des Sprachverhaltens. In: Adolf Hofer (Hrsg.): *Lesenlernen: Theorie und Unterricht.* Düsseldorf: Schwann, 82–98.

Wilhelmus, Christiane / Nünke, Ellen (2001): Stufenwörter in Treppengedichten. Ein alternativer Ansatz zur Groß- und Kleinschreibung. In: *Praxis Deutsch* 170, 20–23.

Wöllstein, Angelika (2014): *Topologisches Satzmodell.* 2., aktualisierte Auflage. Heidelberg: Universitätsverlag Winter.

Wöllstein, Angelika (Hrsg.) (2015): *Das topologische Modell für die Schule.* Baltmannsweiler: Schneider Verlag Hohengehren.

Wygotski, Lew (1987): *Ausgewählte Schriften. Band 2: Arbeiten zur psychischen Entwicklung der Persönlichkeit.* In deutscher Sprache herausgegeben von Joachim Lompscher. [Orig. Moskau, 1965]. Köln: Pahl-Rugenstein.